线装国学经典

# 鬼谷子全书

第四册

〔春秋〕鬼谷子 著

李楠 编译

# 第十章　谋[1]篇第十

【阅读提示】

一、为别人谋划事情要确立标准，详细地了解各种情况和利害关系，然后认真地考虑计划，讲究节度。

二、谋略要因人、因地制宜，从微小处入手，慢慢积累，循序渐进。

三、游说与谋略必须注意人际关系，随顺对方，注意隐秘、奇巧。

四、游说与谋略必须适应对方的情况，不露声色，达到制人而不制于人的目的。

凡谋有道，必得其所因，以求其情[2]。审得其情，乃立三仪[3]。三仪者，曰上、曰中、曰下。参以立焉，以生奇[4]。奇不知其所壅，始于古之所从[5]。故郑人之取玉也，必载司南之车[6]，为其不惑也。夫度材、量能、揣情者，亦事之司南也。故同情而俱相亲者，其俱成者也；同欲而相疏者，其偏成者也；同恶而相亲者，其俱害者也；同恶而相疏者，其偏害者也[7]。故相益则亲，相损则疏，其数行也，此所以察同异之分，其类一也[8]。故墙坏于其隙，木毁于其节，斯盖其分也[9]。故变生事，事生谋，谋生计，计生议，议生说，说生进，进生退，退生制，因以制于事。故百事一道，而百度一数[10]也。

①谋：谋划、手段、方法。

②得其所因，以求其情：调查对方的心理状态，就要掌握这个人的性格特征。

③三仪：指上智、中才、下愚而言。

④参以立焉，以生奇：假如参考三仪来评论人物，就可以施展卓越的策略。

⑤始于古之所从：并非从现在开始的事情，而是自古以来就当作原则，是人人遵行的事。

⑥司南之车：即指南车。是装置有磁石的车，经常指南方，以此作为定向。比喻判断正确。

⑦同恶而相疏者，偏害者也：假如二人同时受到君主憎恨，但两人之间又互相有矛盾，受害者只能是其中的一位。

⑧此所以察同异之分，其类一也：根据这个来判断相异或相同的原因。

⑨墙坏于其隙，木毁于其节，斯盖其分也：墙，是指环绕住宅周围所建的土墙。恰如墙有一点点小裂痕就有崩毁的可能。而树是从有节之处开始腐败的。一般的人事也是在同或不同的空隙处发生破裂。

⑩一数：一种术。

夫仁人轻货，不可诱以利，可使出费；勇士轻难，不可惧以患，可使据危；智者达于数，明于理，不可欺以诚，可示以道理，可使立功——是三才①也。故愚者易蔽也，不肖者易惧也，贪者易诱也，是因事而裁之②。故为强者积于弱也；为直者，积于曲也；有余者，积于不足也——此其道术行也。

①三才：指仁人、勇士、智者而言。

②因事而裁之：谋略家策划适应事物的计谋时，要对此进行巧妙的裁夺。裁是判断、裁夺。

故外亲而内疏者，说内；内亲而外疏者，说外。故因其疑以变之[①]，因其见以然之[②]，因其说以要之[③]，因其势以成之，因其恶以权之，因其患以斥之。摩而恐[④]之，高而动之，微而证之[⑤]，符[⑥]而应之，拥而塞之[⑦]，乱而惑之——是谓计谋。计谋之用，公不如私，私不如结[⑧]，结而无隙者也。正不如奇[⑨]，奇，流而不止者也。故说人主者，必与之言奇；说人臣者，必与之言私。

①因其疑以变之：根据对方提出的疑问来改变自己游说的内容。

②因其见以然之：根据对方的表现来判断具体的游说活动是否得当。

③因其说以要之：根据对方的言辞来归纳其游说的要点。

④恐：受威胁的感受。

⑤微而证之：（对于即使在恐吓或权威下也不知改变的人）要巧妙地引用证据来证明。微是悄悄的意思。

⑥符：取信于人的证据，为证明而作的符叫割符。

⑦拥而塞之：拥通壅，就是用土堵。塞是封闭，也就是堵塞而使之封闭。

⑧私不如结：心的结合要比私下的解决来得好。

⑨正不如奇：正面进攻的方法虽然是合理的，但是却不如乘对方不备时使用奇攻法为好。

其身内，其言外者，疏；其身外，其言深者，危[①]。无以人之所不欲而强之于人；无以人之所不知而教之于人。人之有好也，学而顺之；人之有恶也，避而讳之，故[②]阴道而阳取之[③]也。故去之者，纵之，纵之者，乘之。貌者不美又不恶，故至情托④焉。可知者，可用也⑤，不可知者，谋者所不用也，故曰：『事贵制人，而不贵见制于人。』制人者，握权也，见制于人者，制命也。故圣人之道阴，愚人之道阳；智者事易，而不智者事难。以此观之，亡不可以为存，而危不可以为安⑥，然而无为而贵智矣。智用于众人之所不能知，用于众人之所不能见。既用，见可，择事而为之，所以自为也；见不可，择事而为之，所以为人也。故先王之道阴。言有之⑦曰：『天地之化，在高与深；圣人之制道，在隐与匿。非独忠、信、仁、义也，中正而已矣。』道理达于此⑧义者，则可与言。由能得此，则可与谷远近之义⑨。

①其言深者，危：虽然是自家人，但是却把隐私泄露于外，这种人就会被疏远；虽然是外边人，但是他的言论却深通内情，这种人就会陷于危险。

②故：所以。

③阴道而阳取之：当顺从对方又触犯忌讳时，假如能悄悄地进行，对方就不至于伤害感情。因此私下进行之谋，却从公开中获得。

④貌者不美又不恶，故至情托：不论对任何事物都不喜形于色的人，是属于冷静而不偏激的人，这种人可以完全信赖。

⑤可知者，可用也：假如能知道对方的内心，就可以使用。

⑥亡不可以为存，而危不可以为安：救亡图存和转危为安都是很难的事，唯独智者才能做到这点。

⑦言有之：有这种说法。

⑧道理达于此：要彻底认清这种道理。

⑨则可与谷远近之义：谷，善，引申为商讨。就可以商讨处理一切远近的事物。

【译文】

凡是筹划策略都有一定规律可以遵循，必须查明事情的原委，以探得实情。要想得到对方的实情，就需确立『三仪』的标准。所谓『三仪』就是上智、中才、下愚。此三者互相参考验证，就能定出奇谋。这样产生的奇谋，拥有无所不及的威力，然而也不过是遵循古代的哲理而形成的。据说，郑国人入山采玉时，都要开着指南车去，为的是不迷失方向。在考察才干能力、揣情度理方面也如同做事时一样，要使用指南车作为指南。

凡是与观点相同、感情亲密的人一同谋事，大家都可以成功；凡是志向相同而感情疏远的人，办事之后只能部分人得到利益；凡是恶习相同而又感情亲密的人，办事之后，一定是共同受害；凡是恶习相同而又感情疏远的人，一定是在办事后，一部分人先受损害。

所以说，想要使双方互相都有利，就必须密切关系。如果相互间受到损害，就要疏远关系。依此方法行事就可以判断出事物的异同。这是有一定规律的。比如墙壁都是因为有了裂隙才塌倒，树木是由于有了疖疤才毁坏。这就是事物一般的规律啊！

所以，事物不断发生变化，才能产生问题，因为要解决问题才需谋划，只有通过谋划才会产生计策，研究计策才能产生相应的方法，有了方法才能游说决策者，使之前进，进而不通，再退一步，进退之中形成制度，以此制度解决现实中的问题。如此看来，万事万物的变化都是一个道理，控制万事万物也是同一方法啊！

一般说来，仁德的人不看重财货，不可以用物质引诱他们，却可以让他们提供财货。勇敢的人不能用危险去吓唬他们，却可以用他们解除危难。智慧的人有谋略、通事理，不可以假装诚信去欺骗他们，却可以向他们讲明道理，让他们建功立业。这是三种人才啊！由此观之，愚昧的人是容易蒙蔽的，不肖之徒是容易被吓倒的，贪婪的人最容易被引诱，所有这些都要根据具体情况来判断。然而，强者是由弱小的力量不断积累而变成强大的；强直的形式是由许多微小的曲线积累而成的；由于积累才使不足者成为富裕者。这就是道术反致的规律啊！

所以，表面上亲善而内心疏远的人，要从内心入手去游说他，对于那些内心亲善而表面上疏远的人，要从表面上入手去游说他，可以根据对方所疑惑的问题，来改变自己游说的内容；根据对方的表现来判断游说活动是否见效；根据对方的答辞来确定自己游说的要点；根据情势的变化来征服对方；根据对方的所厌进行权衡，确定利弊；根据对方所恐惧的事对他进行申斥，加以防范。揣摩之后对之施以恐吓；抬高对方之后，策划行动；削弱对方之后，加以匡正；验证对方真伪之后，再决定是否响应他，拥堵对方之后，加以阻塞；搅乱之后，迷惑对方。这些就叫做计谋。说到运用计谋，公开者不如保密；保密不如结党；结党而内部没有矛盾。另外，正常的策略不如出奇制胜；施以奇策是无往不胜的。所以说，游说人主的时候，必须先与他谈奇策。同样的道理，向人臣游说时，必须先与他谈私交。

虽然是自己人，却向外人宣扬家丑，说着有利于外人的话，就会被人疏远。同理，他是外边的人，却知道许多内幕，也会有危险。不要把人家不喜欢的东西强加于人；不要把人家不懂的事强教于人。如果对方有某种嗜好，可以迎合他的兴趣，如果对方厌恶什么，必须要加以回避，以免引起反感。所以说，进行的虽然是阴谋，所得到的却是公开的获取。因而，想要除掉的人，可以放纵他，让他犯过失，然后抓住机会除掉他。无论做什么事，在外表既不喜形于色，也不怒目横眉，这种感情深沉的人，可以以机密大事相托。对于能了解的人，可以任用他；对于一个不了解的人，一个有谋略的人，是不会重用他的。所以说，办事情最重要的是控制人，而不是被人控制，控制别人的人，手中握权；被人控制的人是被统治者。所以说，圣人处世之道称为『阴』——谋略原则为隐而不露，愚人处世之道称为『阳』——谋略原则为大肆张扬。聪明的智者，成事容易；而愚鲁的人成事比较困难。由此看来，一个国家灭亡了是难以复兴的，一旦国家动乱也难于安定。然而运用『无为』则是最高的智慧了。『无为』之智要运用在众人所不知、众人所不能见之处。如果在施用智谋之后发现了可行的迹象，就要见机行事，可做，自己就去做；如果发现不可以做，就要选择一些相应的事，让别人去做。

所以，圣人能行的大道，都是属于『阴』的方面，含而不露。古语说：天地造化在于高、深。圣人之道在于隐而不露。不仅仅要求忠诚、信守、仁慈、义理，主要是维护不偏不倚的正道。只有真正认清这种道理的真谛，才能游说他人。如果双方都谈得很融洽，就可以发展长远的和目前的关系。

## 鬼谷智囊

### 一、赵累的妙计

公元前311年，秦惠文王病逝，太子嬴荡即位，史称秦武王。秦武王即位之初，对文臣武将说：『父王十七岁即位，在位二十六年，继承并发扬了孝公和商君开创的变法图强的战略，我们秦国多次打败了魏国，控制了黄河天险，奠定了争霸中原的基础；又攻占了巴蜀，吞并了义渠，巩固了后方，使国力大增；用能臣张仪为相，击败了合纵联军，重创楚国，夺取了汉中。我国一跃成为天下第一大国，诸侯无一能与我国抗衡了。寡人荣膺大位，不能愧对祖先，一定要大展宏图，愿众爱卿竭诚尽忠，全力以赴，共创霸业。』

文臣武将异口同声地回答说：『大王英明，我等一定听从大王的命令！』

从此之后，秦国上下又开始了新一轮的武备。在秦武王即位后的第三年，秦国觉得实力已经具备，便对大将甘茂下令说：『为了打通进军周王城的通道，建立不朽之功，寡人命你率军出发，攻下韩国的宜阳城！』

甘茂说：『孔子的弟子曾参是个德才兼备的贤人。一天，有个和他同名同姓的强盗杀了人，人们误以为是曾参杀了人，忙去告诉他母亲说：「曾参杀人了！」这时，他母亲正在织布，听了这话，她神色自若，并不相信，照旧织布。过了一会儿，又有人来对他母亲说：「曾参杀人了！」母亲听了，仍然继续织布。又过了一会儿，第三个人又来了，对他母亲说：「曾参杀人了！」这回，母亲听了，真的相信了。她吓得丢下织机，越墙逃走了。尽管曾参是圣贤之徒，由于三人传讹，母亲终于信以为真了。如今，我的贤德不如曾参，大王对我也不如曾母对自己的儿子那样信任，更何况，国内怀疑我的人又不止三个。因此，恐怕没等我攻下宜阳，大王就不相信我了。何况宜阳是个大城，兵精粮足，易守难攻。我们千里迢迢去攻它，绝不是一朝一夕的事。时间一长，难免夜长梦多，大王难免会对我产生怀疑。』

秦武王听了甘茂的话，对他肯定地说：『你放心带兵去吧，寡人决不改变对你的信任。』

为了让甘茂放心打仗，秦武王还郑重其事地和甘茂订了盟约，以示说到做到。因为这盟约是在一个叫『息壤」的地方订的，所以称为「息壤之盟」。订了盟约之后，甘茂就率军出发了。

甘茂率领大军来到韩国宜阳城下，包围了宜阳城，对这座城池发动了猛烈的进攻。但是，秦军攻城五个多月，仍然未能拿下宜阳城，秦国军队伤亡惨重。活着的士兵都丧失了斗志。尽管甘茂一连三次击鼓，发动攻城，但是士兵却不肯再冒箭矢，大家都不肯上前。

就在这个时候，秦国国内一些亲近韩国的大臣和一些宗室成员纷纷站出来，劝秦武王停战。秦武王也认为伤亡过重，于是接受了这些大臣们的建议，决定停战，召甘茂回国。

甘茂见了秦武王的诏书之后，心里清楚，大王已经改变了主意，但是，甘茂并不慌张，他对使者说：「我与大王有「息壤之盟」，难道大王忘了吗？」

使者回报，秦武王猛醒道：「我一时糊涂，几乎误了东进大计。」说罢，立即派大军支援甘茂。

东周君闻讯，问大臣赵累说：「秦王倾全国之兵攻打宜阳，你看这一仗的结果将会如何？」

赵累回答说：「依臣之见，宜阳城迟早会被攻破的。」

东周君露出怀疑的表情说：「不会吧？宜阳方圆八里，城高池深，城内有精兵十万，储藏的粮食可吃数年；城外，还有韩国宰相公仲朋的二十万大军以及楚国大将景翠率领的援军，和城内互为掎角之势，我想秦军不会取得什么战绩的。」

赵累解释说：「事情是这样的，甘茂并非秦国人，如果攻下宜阳，他在秦国就会像周公姬旦那样一步登天；如果败下阵来，他在秦国就无法立足了。因此，他会拼命的。再说，秦王不顾多数大臣和宗室长辈的反对，毅然坚持攻打宜阳，如果攻不下来，他会感到羞耻的。因此，他也会全力以赴地支援甘茂，这样，宜阳是无论如何也守不住的。』

东周君听了，点了点头说：『你说得有道理，看来宜阳旦夕可下了。』

过了一会儿，东周君又问赵累说：『你为寡人出个主意，我们应该怎么办呢？』

赵累回答说：『主公可派一名使者对楚将景翠说：「将军在楚国爵位最高，官衔最大。这一仗你即使打胜，也不能加官晋爵了。但如果打败，你就犯死罪了。因此，为将军打算，不如养兵蓄锐，坐山观虎斗，等秦军攻下宜阳、筋疲力尽之时，你再出兵。到那时，秦军怕你乘他们疲惫时攻击他们，必会向你献地的。韩相公仲朋见你出兵，也会向你献宝的。」』

东周君一听，心中大喜，忙派出一名使者去见楚将景翠。景翠听取了东周君的建议，对使者说：『请回去代我谢谢东周君，感谢他为我指点迷津，令我茅塞顿开。』说罢，他传下将令，按兵不动了。

不久，秦军攻克宜阳。楚将景翠闻讯，立即下令进军。这时，秦军经过长期征战，已经成为强弩之末，无力再战了，连忙向楚军献地求和。

韩相公仲朋见景翠出兵击秦，也向景翠献上重宝。景翠从秦国得到城池，从韩国得到宝物，全胜而归，保住了自己的爵位和官衔，心中极为感激东周君为他出谋划策。他哪里知道，这其实是赵累向东周君进献的计策啊！

【品读】

赵累为东周君筹划的这个计策，是按照一定的法则去筹划的，他之所以能想出这样的奇谋，是因为他查明了事情的原委，探得实情，然后根据具体的情况来制订的，所以，楚军在这个计划的指导之下，以最小的代价，产生了巨大的威力。这一切智谋的产生，都是在遵循古代圣人发现的哲理的前提下酝酿而成。

## 二、两面讨好的苏秦

苏秦还没有在六国中间游说合纵之前，曾经在东周君手下做谋臣，这一年的春天，到了播种的季节，东周人想要种稻子，西周人听说后，立即切断了他们的水源。因为西周地处黄河和洛水上游，他们不给东周人放水，东周人得不到水，就无法种稻子，全国上下忧愁无比。

苏秦见状，对东周君说：『主公，微臣想出使西周，一定会游说他们，让西周人放水。』

东周君高兴地说：『先生如果肯去，那是再好不过了。』说罢，立即准备车马，让苏秦上路。

苏秦风尘仆仆来到西周王城，拜见西周君，他对西周君说：『主公，你的给下游断水的计谋得不偿失啊！』

西周君急忙问道：『此话怎讲？』

苏秦不慌不忙地说道：『你不向下游放水，东周的麦子今年又是一个丰收年，岂不是要使东周更快地富强起来吗？我看，不如向东周放一次水，淹死他们种的麦子。放水后，东周人必定会改种稻子。那时，主公再把水截住。东周为了仰仗西周，保住他们的稻子，一定会听从主公的调遣。』

西周君听了苏秦的话，非常高兴，果然放了水，还重赏了苏秦。苏秦回到东周，东周君见他求来了水，也重赏了他。这样，苏秦两面受赏，而东周和西周的积怨却越来越深了。

【品读】

俗话说，『不怕没好事，就怕没好人』。苏秦去游说西周君，完全是站在出卖东周的立场上，尽管他的游说奏效了，但是却给两个诸侯国之间埋下了深深的芥蒂，他虽然两面讨好，但却导致两个国家之间的裂痕越来越深。鬼谷子认为，圣贤之人是不可以用金钱收买的，而苏秦的所作所为，早已经远离了君子之道。

## 三、郑朝智取祭地

东周君建国后，为了祭祀祖先，设置了祭地，每年都要举行隆重的祭礼。但是，这个时候周王室已经衰微，赵国却逐渐地壮大起来，贪婪的赵国早已对这块祭祀祖先的土地垂涎三尺，不久便发兵夺占了这块祭地。

东周君见祖先的祭地被夺，非常忧心。这一天，他对大臣郑朝说：『寡人将祭地丢了，如果百年之后，我真是没有脸面去见我的祖先啊！』

郑朝笑了笑，对东周君说：『主公不必忧愁，请给我三十镒金，我一定把祭地要回来。』

东周君立即找来司库，命令说：『快去取来三十镒金，交给郑大夫。』司库遵命拿来了三十镒金，交给了郑朝。郑朝接过三十镒金，满怀信心地告别东周君，去了赵国。

来到赵国之后，郑朝求见赵国的太卜。太卜见了郑朝，将他请进书房坐下，问道：『大夫远道而来，有何见教啊？』

郑朝从怀中取出三十镒金献上说：『区区薄礼，不成敬意，请太卜笑纳。』

太卜摇手说：『无功不敢受禄，请大夫收回吧。』

郑朝说：『鄙人有要事相求。』

太卜听了，忙说：『愿闻其详。』

郑朝说明来意后，太卜笑了笑，收下了三十镒金，拍着胸脯说：『此事就包在老夫身上，大夫尽管放心，回去之后静候佳音吧。』

郑朝起身再三致谢，太卜说：『不必多礼。受人钱财，替人消灾，何况这点小事了。』郑朝拜别后，出门登车而去。

不久，赵王患病，卧床不起，便命侍者说：『快传太卜。』

太卜奉命来到赵王的病榻前，叩问道：『大王传唤小臣，有何吩咐？』

赵王说：『寡人不知何故，突然患病，你可为寡人占卜一番。』

太卜沐浴更衣，以示对鬼神的虔诚，然后开始占卜。占卜完毕，太卜对赵王说：『大王的病是由于东周祭地之神在作祟。』

赵王听说之后，也怕得罪鬼神，急忙命人将霸占来的东周君的祭祀土地还给了东周君。

祭祀祖先的土地能够失而复得，东周君非常高兴，重重地赏赐了郑朝，并设宴为他庆功。

【品读】

尽管郑朝使用的手段不是那么光明磊落，依靠太卜装神弄鬼，但是毕竟达到了预期的目的，迫使赵王交出了霸占的土地，他的做法正所谓隐而不露。鬼谷子认为，圣人之道在于隐而不露。不单单要求忠诚、信守、仁慈、义理来完成，在必要的时候，采取一定的手段也是非常有效的。

## 四、冯且巧除叛徒

在战国时期，周天子的后代分裂成了东周和西周两个国家。这两个国家虽然都是姬姓，但却彼此仇恨。

有一天，东周君正在朝中处理公务，大臣进来禀报说：『主公，西周大夫宫他求见。』

东周君很奇怪地问道：『他来做什么？』

大臣回答说：『他是从西周那边过来投降主公的。』

东周君一听有人来向他投降，心中大喜，忙说道：『快让他进来！』

宫他走上大殿，见了东周君，行了大礼之后，东周君问道：『大夫来投寡人，有何见教啊？』

宫他回答说：『良禽择木而栖，贤臣择主而事。听说主公礼贤下士，勤政爱民，外臣宫他特来投效。』

东周君说：『大夫来投，实是寡人之幸。』然后，他把宫他留下并委以重任。

宫他投降东周君之后，他还把西周的一切内情都告诉了东周君。西周君听说宫他外逃，并且出卖了自己之后非常恼火，但又无计可施。就在西周君暴跳如雷的时候，大臣冯且对西周君说：『主公不要发怒，微臣有办法除掉宫他。』

西周君急忙问道：『他已逃入东周，你有何计杀他？』

冯且说：『主公，请给微臣三十镒金，微臣自有办法，如不能杀宫他，微臣愿意以死来报答大王您！』

西周君犹豫了一下，还是同意了，他命人取来三十镒金，交给了冯且。他认为冯且一向足智多谋，既然用生命担保，此去必然能除掉西周的叛徒宫他。

冯且回到家中，写了一封书信，命人带着三十镒金和这封信到东周去，他还嘱咐手下人说：『你一定要带着这封信和三十镒金，到东周去交给宫他。路上要小心，不要走得太急，免得引起别人注意。』

送信的人走后，冯且又找来一个家人，然后对他吩咐道：『你立即动身到东周，赶紧告诉东周的把守城门的人，就说今天晚上会有西周的奸细到东周去给人送信，你要路上小心，一定要赶在那个带着书信的人的前面。』冯且的家人领命而去。

这天夜里，东周的守城士兵果然将那带着三十镒金和那封信的人截获，将金子与信一起呈给东周君。东周君打开信一看，只见上面写道：『速告宫他：事情如果能够办成，就努力办成它；如果不能办成，就赶紧逃回来，免得机密泄露，白白送了性命。』

东周君看罢这封信，顿时须眉倒竖，马上命人去抓宫他，第二天一早，就把宫他推出去斩首了。

【品读】

冯且巧用离间计，将宫他置于死地，他的这个计策就是从了解东周君多疑的性格，然后详细地了解各种情况，把握利害关系，所以才能够借用东周君之手，除掉叛徒。

## 五、韩庆一举多得的妙计

孟尝君田文非常善于用兵，他调动齐国的军队帮助韩、魏去攻打楚国，然后又联合韩、魏两国准备攻打秦国，就在这个时候，田文准备向西周君借兵、要粮。

西周君知道田文是得罪不起的，但是又不想出兵、借粮，所以只好派出韩庆到孟尝君那里去游说。

韩庆来到孟尝君田文的府邸，对孟尝君说：『从前，先生用齐国为韩、魏两国攻打楚国，历时五年才攻下了宛、叶以北的地方，结果却增强了韩、魏两国的实力；如今，又要进攻秦国，这样会让韩、魏两国更加强大。如果是这样，韩、魏两国在南面既不必担心楚的进攻，西边又没有秦的威胁，版图扩大，实力增强。在诸侯中的地位越来越举足轻重，而齐国就必然会变得无足轻重了。树木的根梢更替茂盛，事物的虚实变化不定，我真的在心里为先生感到担忧啊！为了先生考虑，不如这样，先让我们西周君暗地里和秦国结好，这样，您就不用进攻秦国，也不用借兵要粮，您率大军逼近函谷关，但并不攻打，让敝国把您的要求告诉秦王，西周君可以对秦王说：「孟尝君肯定不愿意做攻打秦国反而增强韩、魏两国的事，之所以进兵，是想让大王逼楚王把下东国割让给齐国而已。」这样一来，秦王就一定会放回楚怀王，秦、楚两国讲和。先生让我们用这种办法取得秦国的好感吧，而秦国用楚国的下东国土地，避免了自己被攻破的危险，他们也一定非常愿意接受这种做法。楚王能返回故国，也一定会感激齐国。齐国得到楚国的下东国，扩大了版图，实力会更加强大，您的封邑也会免除祸患。秦国的力量没有受到大的削弱，它处在韩、赵、魏三国的西边，韩、赵、魏三国一定会重视齐国的作用。」

孟尝君听了韩庆的游说之后，连连点头说道：『好主意！』于是派韩庆出使秦国，同时阻止三国攻秦，也就不再向西周君借兵要粮了。

【品读】

西周是一个弱小的国家，夹在强邻中间，不断受到强邻的觊觎，既想保存自己的实力，又没有武力可以依仗，所以，只能靠人的机智游说，靠几个大国之间的相互制约勉强生存。韩庆就是一个深深了解各诸侯国之间的利益关系的人，他靠自己的智慧和口才，保存了西周君的实力。

## 六、苏代退楚

战国时期，韩国是一个实力很强的国家。一次，西周君正在和相国商量国事，一个大臣进来报告说：『主公，韩国使者求见。』

韩国是七雄之一，西周君不敢得罪。西周君马上说：『快请进来。』

韩使见了西周君，开门见山地说：『我们大王命我前来，不为别事，只因楚、韩两国正在交兵，已进入胶着状态，韩军急需衣甲和粮食，请主公相助。』

听了韩国特使的话，西周君心里十分不悦，不过，他马上又露出笑脸说：『请特使先到客馆中暂歇，容寡人筹划一下。』

等韩使下殿后，西周君满面愁云。对于韩使的要求，不答应吧，怕强大的韩国翻脸来攻；答应吧，国小民穷，到哪里去筹措衣甲和粮食啊？

这时，苏代上前说：『主公，我愿为您排忧解难。我能让韩国不来向主公索求衣甲和粮食，还能让韩国将高都城献给主公。』

西周君闻言大喜，对苏代说：『先生如能做到你所说的，寡人将举国都听你的调遣。』说罢，用车马送苏代上路。

来到韩国之后，苏代首先向相国公仲朋进言说：『相国难道不知道楚国君臣的谋划吗？当初，楚将昭应出兵时，曾向楚王保证说：「韩军已经疲于征战，粮库也空了，我们趁此机会去攻韩国的雍氏城，不到一个月就可以攻下。」如今昭应围攻雍氏城已有五个月了，但仍未攻下。楚军已经疲困，楚王对昭应已经不信任了。在此关键时刻，相国向西周索求衣甲和粮食，岂不是向楚国显示韩军已陷入困境了吗？昭应闻知此事，一定会向楚王要求增兵的。楚王一旦增兵，雍氏城肯定会被攻下的。』

听了苏代的一席话，公仲朋说：『先生说得有理，但我的使者已经派出去了。』

苏代说：『这好办，相国可以把高都城送给西周啊。』

公仲朋一听这话，顿时火了，发怒说：『我不向西周索求衣甲和粮食，就已经不错了，怎么还要给它一座城呢？』

苏代说：『给西周高都城，西周肯定会脱离秦国，归附韩国。这是失掉一座城而得到一个国家啊，有什么不可以给的呢？』

公仲朋听了，转怒为喜道：『先生所见极是。』说罢，立即召回使者，并将高都城送给了西周。

楚王见昭应屯兵于坚城之下，久而无功，不久便下令撤兵了。

【品读】

游说需要抓住说服对方的关键，而这个关键多是对方所顾虑和所贪求的。西周本一小国，在强大的韩国面前，本来没有任何可以讨价还价的资本，然而面对正在交战中的韩国的无理索取，苏代找到了说服韩国不仅不给其提供衣服、粮食的要求，而且还找到了如何根据韩国当时所处的现状趁机向其索要一座城池的方法。

在西周君看来，本是一件无可挽回的事情，而在苏代的三寸不烂之舌的游说之下，不仅使自己免受间接成为战争受害国的威胁，同时还从这场战争中获得了意外的收获。

## 七、周之良剑

西周国君想把自己的儿子周最立为太子，但周最却表示不愿意当太子。西周君便将此事通报给了齐王。

司寇布知道了，认为西周君的做法很不明智，他对西周君打比方说，过去有个叫函冶氏的铸剑能手，曾经为齐太公铸了一柄旷世未有的宝剑。可是，齐太公并不知道这把剑好在哪里，也没有发现任何珍贵之处，于是，他便将这把剑退回了函冶氏，将买剑的钱要了回来。后来，越地有个人知道了，要用一千两黄金购下这柄剑，函冶氏嫌对方给的价钱太低，如果卖了就会亏本，坚决不肯卖掉。后来，函冶氏得了重病，临死前，嘱咐他的儿子说：『孩子啊，任何珍贵的东西，都不要孤芳自赏，一定要公之于众，让大家都知道它的贵重之处，决不能只是自己一个人了解，只有这样，珍贵的物品才不会被埋没啊！好比为父的这柄宝剑过去就没有多少人认识它的价值，所以齐太公才要钱不要剑，越人也才只出区区千两黄金购买它。』

接着，司寇布又对西周君说：『君王如果真想立周最为太子，这只是君王的心意，但其他诸侯并不知道呀！现在您将周最不愿做太子的事通报给齐王，臣下担心齐王反而会认为君王其实并不想立周最为太子，所以故意派人到齐国那样说。因此，齐王肯定会认为君王在欺骗齐国。如果真是这样，君王虽讲的是实话，反变成了虚伪狡诈之语，周最不愿做太子本是实情，也变成了惺惺作态了。』

司寇布认为，西周君应该像函冶氏临终所说的那样——让诸侯认识真正的好货——就是将自己欲立周最为太子一事公之于众，让天下人都知道西周君对周最的仁惠。

齐国知道了此事后，就有人去游说齐王：『君王，听说周最将被立为西周的太子，您何不拿出一些土地送给他，让他能够被立为太子呢！同时，这也可以借机交好啊！』

齐王觉得有理，便派大臣司马悍出使西周，送土地给周最。齐臣左尚听说司马悍将出使西周送地，以为此事得从长计议。他对司马悍分析说：『假如周最是真的不愿做太子，或者西周君确实不立周最为太子，您现在公然送地助周最，不但会处境尴尬，而且也得罪了西周，搞不好还会使西周与齐国断交。臣下以为，不如直接对西周君说：「君王到底准备立谁为太子，请秘密派人通知我，我一定转告齐王，我们齐国定会赠送土地资助他。」』

齐王听了这一番议论，认为左尚老成谋国，真是胸有韬略，从此便格外重用他。

【品读】

虚则实之，实则虚之。许多事情本来是真实的，仅仅因为揣测者所站的角度不同，反而会得出相反的结论。而有些不实的事情，尽管虚假，然而却因其具有一定的合理性反而会被人认可。通过这个故事，我们可以得到这样的启发，考虑问题必须从多个角度出发，做出综合的判断。这样才可以避免因看不到全局而对形式进行的错误评估。

## 八、六百里变成六里

齐国帮助楚国攻打秦国，占领了秦国的曲沃。此后，秦国准备伐齐。可是齐、楚两国的交情很好，秦惠王很忧虑。他对张仪说：『我想讨伐齐国，可齐、楚交情正好，您替我想个主意，该怎么离间他们呢？』

张仪说：『请大王为我准备好车辆与钱财，让我去试试吧。』

张仪南行到了楚国，他对楚怀王说：『敝国君主最喜欢的人莫过于大王，即使是我张仪这样微不足道的人，也最愿意做您的臣子；敝国君主所憎恶的莫过于齐王，即使是我，也非常讨厌齐王。现在，齐王已经深深地得罪了敝国，敝国准备讨伐齐国，可贵国却与齐国关系甚好，所以敝国君主无法遵从大王的号令，我也就不能够替大王服务了。大王如若能够关闭边塞，与齐国绝交，我会请秦王把商於方圆六百里的土地奉献给大王。这样一来，齐国就肯定会被削弱；齐国弱了，一定会听任大王驱使。若在北边削弱了齐国，西边又对秦国有好处，还可获得商於地区这一利益。这对楚国可是一举三得的好计策。』

楚王听了张仪的话十分高兴，在朝廷上宣布说：『我取得了商於六百里的土地。』

群臣听到后都向楚王表示祝贺。陈轸来得迟，唯有他不表示祝贺。楚王就问：『我不动用一兵，不伤亡一人，就取得商於之地六百里，我自认为十分明智。大臣们都向我表示祝贺，只有你不祝贺，是什么缘故？』

陈轸回答说：『依我看，不但得不到商於之地，而且一定会引来祸端，所以不敢随便祝贺。』

楚王不解地问他：『为什么？』

陈轸回答说：『那秦国之所以抬举大王，是因为大王有齐国这样一个强大的盟友。现在土地尚未得到，就先与齐国绝交，楚国就孤立了，秦国又为什么要尊重一个孤立无援的国家呢？如果是先割地，后与齐国绝交，秦国一定不肯干。如果先与齐国绝交再去索要土地，必然会上张仪的当。一旦证实被张仪欺诈，大王一定会十分悔恨。这样一来，西边有了秦国这一祸患，北方又与齐国绝交，秦齐两国的军队肯定会打过来的。』

楚王并不听劝告，说：『我认为这件事非常稳妥，你闭住嘴巴，别再说了，等着看我办成这件事吧。』

楚王就派人去与齐国断绝关系，第一个使者还没有回来，楚王又派第二个使者去与齐国绝交，这样一来，楚国与齐国彻底地绝交了，两国的盟约也失去了效力。

张仪回到秦国后，秦国派人出使齐国，与齐国暗中结为联盟。楚国派一名将军，前往秦国接收土地，可张仪回到秦国后，一直声称有病没有上朝。

楚王得报后，对大臣们说：『张先生认为我还未与齐国绝交吗？』就派勇士前去辱骂齐王。

张仪知道了楚、齐确已绝交，就出来接见楚国的使者，说：『从某地到某地，长宽各六里。』

使者说：『我听说是六百里，不是六里。』

张仪说：『张仪我本来就是一个小人物，怎么能有支配秦国六百里土地的权力呢？』

惊愕不已的使者马上回国向楚王做了汇报，楚王听了大怒，准备出兵进攻秦国。

这时候，陈轸问楚王：『现在我可以说话吗？』

楚王说：『可以。』

陈轸就说：『进攻秦国，不是好主意。大王不如趁机用一座大城贿赂秦国，联合秦国进攻齐国。这样，我们在秦国损失的，就可以从齐国捞回来。楚国不是仍然完整无缺吗？如果大王现在与齐国绝交，又被秦国欺诈，这是我国在把齐、秦两国往一起驱赶，让他们联合。齐、秦一旦联合，我国就会有大损失了。』

楚王不听，坚持出兵进攻秦国。秦、齐两国联合，韩国也服从秦国，致使楚军在杜陵遭受了惨重的失败。

【品读】

其实，楚国的领土、军队、人民都不算弱小，却仅仅是苟延残喘地维持着，是因为楚王不听陈轸之计反而听信张仪的缘故。能听从好的计策，知道两国关系的反复变化，只有贤明的君主才能做到。好的计谋，是做事成功的根本；听从劝谏，关系着成败存亡的时机。计谋失当，或听信不正确的意见，却能保全国家的，自古以来十分少见。所以说，能反复考虑问题的人很少失误，听人之言能不失主意的人不会被迷惑。

## 九、坐山观虎斗

楚国与齐国绝交之后，齐国出兵进攻楚国。陈轸对楚怀王说：『大王最好是割地与齐国议和，再去西边与秦国和解。』楚怀王就派陈轸出使秦国。

秦惠王对陈轸说：『您是秦国人，我和您早就有交情。只是由于我没有才能，不能亲执国政，所以您才离开我去投奔楚王。这次齐、楚相攻，有些人说援救有利，有些人说不救有利。您为什么不能在忠心为您的君主谋划之余，也替我想个主意呢？』

陈轸说：『大王莫非没有听说过那个吴国人游历楚国的故事吗？楚王十分喜欢他，有一次他生病，楚王派专人去慰问他。楚王问使者：「他是真有病还是思念家乡？」使臣回答：「我不知道他是不是思念家乡。如果真的思念，他就会唱吴歌的。」现在我权且为大王唱一次思念家乡的「吴歌」吧！

『大王没有听说过管与的说法吗？有两只猛虎因为争吃人尸相斗，卞庄子准备去刺杀它们，管与拦住了他，说：「老虎是暴戾的野兽，人尸又是很好的诱饵。现在两只老虎正在为争夺人尸而斗，小老虎肯定会被咬死，而大老虎也必然要受伤。您就等小老虎被咬死，大老虎受伤以后，再去杀它，是一举而杀了两只虎。用不了杀一只老虎的力气，而可获取杀两只老虎的实利。齐、楚两国这次争战，肯定会有一国失败。到那时，大王再出兵去救，就会既取得救齐的利益，又可避免伐楚的害处啊。』

【品读】

坐山观虎斗，的确是一种狡猾、阴险的办法。自己不仅可以从中渔利，更重要的是自己可以把成本降低到最小。尽管这种行径让人感到可耻，不过谋略的规律却是不讲道义的，它有自己无情的法则。其实，很多人聪明就是因为他们认识到了大道的无情。

## 一〇、苏代巧留甘茂

甘茂逃出秦国，准备前往齐国。刚出函谷关，就遇到了苏代，甘茂便问苏代：『您听过江上处女的故事吗？』

苏代回答：『没有听过。』

甘茂就说：『江上处女聚会，有一女因为家中贫穷没有蜡烛，处女们就商量，要把她赶走。那家中贫穷，拿不出蜡烛的处女即将离开的时候，对其他同伴说：「我正因为没有蜡烛，所以，我常常第一个来，打扫屋子，铺设坐席。你们为什么要吝啬照亮四壁的余光呢？把它赏赐给我，对你们又有什么损失呢？我自认为对你们有帮助，你们为什么要赶我走呢？」处女们商议了一下，认为她的话有道理，就留下了她。现在我因为没有本事，被秦国驱逐出了函谷关，希望能为您扫屋子、铺坐席，但愿您不要赶我走。』

苏代说：『好吧，让我劝齐国重用您吧。』

于是，苏代去游说秦王，说：『甘茂是个有才能的人，并非庸碌无为之辈。他在秦国连续受几代秦王重用。秦国的险阻要塞地形，他都了如指掌。一旦他利用齐国联络韩、魏两国，回过头来进攻秦国，确实对秦国十分不利。

秦王问：『那我该怎么办呢？』

苏代说：『不如带上厚礼，以高位重金接他来秦国。他来了，您就把他囚禁在槐里，一辈子别让他出来，诸侯国又如何利用他来图谋秦国呢？』

秦王说：『好主意。』便任命甘茂为上卿，让人带着丞相的印绶去齐国迎请他，甘茂推辞不去。

苏代又对齐王说：『甘茂是个有才能的人，这次秦国任命他为上卿，派人携带相印迎请他。他因为感激大王的收留之恩，没有去，希望能成为大王的臣子。现在，大王准备如何安置他？大王如果不留下他，他一定不再感激大王。以甘茂的才能，如果让他全权调度强大的秦国的军队，我们就不好再图谋秦国了。』

齐王说：『有道理。』就拜甘茂为上卿，把他留在了齐国。

【品读】

苏代巧妙地利用了秦王，让他出重金来聘请甘茂，为甘茂制造出秦国准备重用他的假象，然后又把这个戏继续演下去，让齐王相信甘茂的价值，在苏代的运作之下，甘茂成了齐国的红人，被拜为上卿。这种做法，可以说是中国历史上最古老的『包装』手段了，这样的奇谋，也是遵循古代谋略的原理而形成的。

## 一一、范雎死里逃生的妙语

秦军围困邯郸，十六个月都没攻克。有个名叫庄的人劝王稽说：『您为什么不赏赐军吏呢？』

王稽说：『只要大王信任我，别人的话不用听。』

庄又说：『您的想法不对。在父亲和儿子之间，父亲的指示是一定要执行的，但也有不执行的时候。如果说「休掉你的爱妻，卖掉你的宠妾」，这个儿子能做到。如果说「不要再想念她们了」，这个儿子是肯定做不到的。有个守闾里的老太太说：「有一天晚上，某个人的妻子把一个男人接进她的屋里。」对前者来说，娇妻已休，爱妾已卖，心里能不想吗？对后者来说，看到了这样的事，必然会讲出去，这都是人之常情啊。

『军吏的地位虽然卑贱，也不会比守闾婆低。况且您恃宠欺下已经有些日子了！您难道没有听到过：「三人之口成虎，十人之口可弯曲铁锥，大家联合起来，靠说空话能挪动东西，东西不长翅膀也会飞走的。」所以您不如赏赐军吏，好好地善待他们。』

王稽不听。

军吏们走投无路，果然扬言说王稽与杜挚要反叛。这个谣言传到了秦国，秦王听到这个消息后十分生气，并且准备将范雎和王稽一同杀掉。

范雎对秦王说：『我是东方偏僻地方的贫穷人，因为得罪了魏国，才逃到秦国。我在秦国没有诸侯的帮助，也没有亲朋故友，是大王将我提拔起来，让我主持国政，这是普天下的人都知道的。如今我愚昧糊涂，和王稽有了相同的罪过，可是大王如果把我公开处死，无疑是向天下诸侯显扬，大王用错了人，肯定会遭到诸侯的非议。我希望大王赐给我毒药，在我死后，用丞相的礼节下葬。这样，大王既没有饶恕我的罪过，又不会背上用错了人的罪名。』

秦王听了范雎的话之后，非常感动，他说：『对此我也有责任。』于是，不但没有杀掉王稽和范雎，反而对范雎更加信任和重用了。

【品读】

俗话说，『三人成虎』，谎言被重复一千遍就成了真理。这件事的起因是王稽不听庄的劝告，不能善待士卒，所以引起众人的不满，终于导致了遭到众人诋毁，纷纷传说王稽要造反的后果。但是，这个恶果又在范雎的巧言辩护中化为无形，转危为安。可以说是范雎的机智救了王稽的性命，范雎就是靠着他的智慧，登上了秦国的政治舞台，成为呼风唤雨的人物。

## 一二、秦王见顿弱

秦王嬴政想召见顿弱。顿弱说：『我恪守自己的节操，不愿参拜大王。大王如允许我不参拜，就可以会面；否则，我不见大王。』秦王只好答应了他的要求。

顿弱参见时对秦王说：『天下有有其实而无其名的人，也有无其实而有其名的人，还有无其名也无其实的人，大王知道吗？』

秦王说：『不知道。』

顿弱说：『有其实而无其名的人，是商人，他们没有耕田种地之劳，却囤积着大量的粮食，这就是他们有其实而无其名的原因。无其实而有其名的人，是农民，他们地一解冻就耕地，面朝黄土背朝天，终日劳作，却无颗粒积蓄，这就是无其实而有其名的原因。无其名又无其实的人，是大王，大王身为万乘之尊，没有孝道的名声；太后有千里封邑，却被幽禁，这是没有尽孝道之实呵。』

秦王勃然大怒，顿弱却毫无惧色，他面不改色地继续说道：『山东有六个诸侯国，大王不将威严施加给他们，却施加于自己的母亲，我认为大王的这种做法是不可取的。』

秦王忍气吞声地说：『山东六国有可能兼并掉吗？』

顿弱说：『韩国，是天下的咽喉；魏国，是天下的胸腹。如果大王能资助万金，让我东游韩、魏两国，我一定会让他们的大臣入朝秦国，这样，韩、魏就会服从秦国。只要韩、魏服从秦国，天下诸侯就可以兼并了。』

秦王说：『我的国家很贫穷，恐怕拿不出那么多钱来。』

顿弱说：『天下形势变化很快，不是合纵，就是连横。连横成功则大王称帝，合纵成功则楚王称帝。大王称帝，天下人都奉养大王。楚王称帝，大王虽然有万金，也不能占为己有。』

秦王说：『好吧！』秦王便给了他万金，让他到韩、魏去游说。

顿弱果然将韩、魏的将相都请到了秦国。然后他又北游燕、赵，促使赵王杀了骁将李牧。从此赵国再也没有人可以与秦国抗衡。不久，齐王也来到秦国朝见秦王，赵、韩、魏、燕四国纷纷来到秦国，朝见秦王。

【品读】

顿弱带着万金游走于六国之间，用最小的成本帮助秦国制服了六国的合纵统一战线，使得六国纷纷投向秦国的怀抱，让六国纷纷拜倒在秦王的脚下，这就是谋略之士的作用，他可以兵不血刃，轻而易举地拆毁别国的防线，取得了与出兵征伐同样的效果。

## 一三、神童甘罗

文信侯吕不韦想攻打赵国以扩大他在河间的封地，派刚成君蔡泽去燕国做联络。经过三年的努力，燕国派太子丹来秦国做人质。

吕不韦又请秦将张唐去燕国做相国，张唐推辞说：『去燕国，一定要经过赵国，赵国正在悬赏捉拿我，如果抓到我，可以得到一百里土地。』吕不韦很不高兴地让他走了。

少庶子甘罗问：『您为什么这么不高兴呢？』

吕不韦说：『我让刚成君蔡泽在燕国做了三年工作，使燕太子来秦国做人质。现在我亲自请张唐去燕国，但他不肯去。』

甘罗说：『让我说服他去燕国。』

吕不韦大声呵斥说：『去！我亲自说他都不去，你怎么可以让他去呢？』

甘罗说：『项橐七岁就能做孔子的老师，我今年已十二岁了。您为何不让我去试一下，这样快就赶我走呢？』

甘罗见到张唐就问他说：『您的功劳和武安君的相比，谁的功劳更大？』

张唐说：『武安君战胜敌军不计其数，攻占的城池不计其数，我的功劳不如武安君。』

甘罗追问：『您是真的明白您的功劳不如武安君的大吗？』

张唐回答说：『当然知道。』

甘罗又问：『应侯在秦国做丞相时，和现在的吕不韦相比，哪个权更大？』

张唐说：『应侯不如吕不韦权大。』

甘罗追问：『您确信应侯的权力不如吕不韦权大吗？』

张唐回答：『当然知道。』

甘罗就说：『应侯想攻打赵国，可武安君不想去，应侯给秦王进言。秦王派快马传旨就在离咸阳七里的地方，将武安君赐死了。现在吕不韦亲自请您去燕国做相国，您却不愿意去，我不知道您会不会死在吕丞相的手中啊！』

张唐点头答应了，准备去燕国，于是他让人准备车辆、马匹、钱财。出发的日子业已确定，甘罗又对吕不韦说：『请您借给我五辆车子，让我先去替张唐游说赵王。』

吕不韦按照甘罗所说，给他准备了五辆马车，甘罗去拜访赵王，赵王亲自到郊外迎接他。

甘罗问赵王：『您听说过燕太子丹到秦国的事吗？』

赵王答道：『听说过。』

甘罗又问：『听说张唐要去燕国做相国的事了吗？』

赵王说：『也听说了。』

甘罗就问：『燕太子到了秦国，燕国就不敢背叛秦国；张唐到燕国做相国，秦国也不会再欺辱燕国。秦、燕两国互不相欺，赵国就十分危险了。秦、燕两国之所以相互结盟，没有别的缘故，只是为了攻打赵国，以扩大吕不韦在河间的封地。如果大王送给我五座城邑去扩大河间封邑，秦国就会将燕太子遣送回国，并和赵国一起攻打燕国。』

赵王立即割让了五座城邑，秦国也将燕太子送回了国。后来，赵国攻打燕国，占领了上谷郡的三十六个县，分给秦国十分之一的土地。

【品读】

吕不韦智力过人，但是甘罗更让人刮目相看，以他十二岁的年龄，不仅能说服张唐到燕国去就任，而且还能够说服赵王主动拿出五个城邑，作为秦国与燕国绝交的筹码，最后达到秦国与燕国决裂，赵国乘机征伐燕国的目的。可见在战国的混战中，凭借的不仅仅是武力，更要靠智力，谋略才是取得胜利的根本保障。

## 一四、李牧之死

吕不韦离开秦国后，他的党羽司空马逃往赵国，赵王任命他做赵国的守相。这时，秦国出兵攻打赵国。

司空马对赵王说：『文信侯在秦国任丞相，我是尚书，十分了解秦国的军政大事。现在大王又让我做守相，熟悉了赵国的情况，我先把秦、赵两国的情况作一番比较，看一看谁会取胜。大王，赵国和秦国哪个强大？』

赵王说：『赵国不如秦国强大。』

司空马又问：『两国谁的人口多？』

赵王说：『赵国不如秦国人口多。』

司空马又问：『秦国和赵国哪国更富足？』

赵王说：『赵国不如秦国富足。』

司空马又问：『秦国和赵国哪国社会安定？』

赵王说：『赵国不如秦国的社会安定。』

司空马又问：『哪国的丞相更有才能？』

赵王说：『赵相不如秦相。』

司空马又问：『两国的武将相比，哪国的将领更有指挥才能？』

赵王说：『赵国的将军不如秦国的将军。』

司空马又问：『两国的律令相比，哪国的更加严明？』

赵王说：『赵国不如秦国律法严明。』

司空马长出了一口气，然后接着又说：『如此看来，赵国没有一件事情能超过秦国，所以赵国必亡无疑。』

赵王说：『您不远千里来到赵国，教我治理国家，希望能听到您的计策。』

司空马说：『大王您如果肯割让出赵国的一半领土去贿赂秦国，秦国兵不血刃就可以得到赵国的半壁江山，一定十分高兴。秦国既怕赵国抵抗，又怕诸侯救援，所以肯定会乐意接受。秦国得到土地之后，就一定会撤出赵国，赵国依靠半壁江山仍可存活下去；秦国得到赵国的土地后，会更加强大。山东诸侯必然会十分恐慌，赵国一旦灭亡，就会危及他们自己，他们一定会惊惧不安，便会起兵来救援赵国，那么，合纵抗秦的局面就会形成。我请求替大王联合其他诸侯，合纵抗秦。如果合纵告成，大王名义上失去了赵国半壁江山，实际上却得到六国的力量，共同抗击秦国，灭亡秦国易如反掌啊。』

赵王说：『不久前，秦国发兵攻打赵国，我们割让了河间十二个县给秦国，军队也被削弱，仍然没能避免秦国的兵祸。如果再将赵国的半壁江山割让给秦国，秦国的力量就会更强，我国将无力自保，可能被灭亡。希望您能再想一个主意。』

司空马叹口气，说道：『我一开始就在秦国从事文书工作，以后又做了小官吏，没有领兵打仗的经历，希望大王能出动全部军队由我率领去抗击秦军。』

赵王听了司空马的话之后，认为这个人夸夸其谈，不愿任命司空马为将军。

司空马说：『我出的主意大王不采用，看来我没法为大王服务了，希望能允许我离开赵国。』

司空马准备渡过于原津离开赵国。平原津令前来慰问他，并询问道：『秦军正在攻打赵国，贵客刚从赵国来，赵国的情况怎样？』

司空马说赵王不用他的计谋，赵国肯定会灭亡。

平原津令问：『您估计，赵国何时灭亡？』

司空马说：『赵国任用武安君李牧为将，尚可支持一年；如果没有了武安君，不出半年就会灭亡。赵王有个宠臣叫韩仓，他曲意逢迎，和赵王交往十分密切，又妒贤嫉能。现在赵国危急万分，赵王一旦听信他的话，武安君必死无疑。』

司空马离开赵国之后，韩仓果然诋毁武安君李牧，赵王就派人接替了武安君的职务。

武安君李牧回到国都，赵王派韩仓指斥李牧说：『将军打了胜仗，大王向您敬酒贺功，可将军在回敬大王时，却双手紧握匕首，你这是图谋刺杀大王，罪该万死。』

李牧说：『我双手因病伸不直。虽然身体高大，但手臂很短，摸不到地上，我怕起居不便犯了不敬之罪，就让木匠做了一副木杖接在手上。大王如果不信，我拿出来让您看看。』说着，他将假手从袖子中伸出，原来是两个木橛，用布条缠着。接着，李牧又说：『希望您进宫向大王说明情况。』

韩仓说：『我奉大王之命，赐将军死，不予赦免。我不敢多言。』

于是，李牧朝北向赵王遥叩拜谢，抽出宝剑准备自杀，又转念一想：『做臣子的不能在宫中自杀。』于是他很快地走出内宫门，又出了外宫门，用右手举起剑准备自杀，可因为手臂很短，无法触及咽喉，他只好用口衔着剑头将剑柄倚在门柱上，自刺而死。

武安君李牧被奸臣韩仓害死五个月后，赵国果然被秦国所亡。

赵国灭亡后，平原津令每次见到朋友，就会叹息：『唉，司空马离开了赵国，这才导致赵国灭亡啊！』

【品读】

司空马本来是吕不韦的门客，后来随着吕不韦在秦国失去了显赫的政治地位，司空马也被逐出了秦国。但是，他被秦国所驱逐，并不是因为他没有头脑；后来不被赵国所用，也并不是因为他没有本领；赵国失去了司空马，然后又自毁长城，杀死了李牧，后来赵国也随之灭亡了。国家之所以灭亡，不是因为没有贤才，而是有了贤才却不能得到重用。

## 一五、糊涂一时的韩非

四国结成合纵联盟，准备攻打秦国。秦王召集大臣和宾客共六十余人商议对策。

秦王问：『四国联合起来，准备进攻秦国。但当下我们财政困难，老百姓尚未动员起来，应该如何应付目前的局面？』大臣们没有人回答他的问话。

就在这个时候，姚贾对秦王说：『我愿意出使四国，让他们自动放弃进攻秦国的主张，按兵不动。』

于是秦王让他带领一百辆车子的车队，携带一千斤黄金，身着秦王赏赐的衣服，头戴秦王赠送的帽子，腰佩秦王奉送的宝剑，去出使四国。姚贾的出使，非常成功地让四国放弃了进攻秦国的打算，并和他们建立了友好关系。秦王十分高兴，封给姚贾食邑一千户，并拜他为上卿。

韩国特使韩非在秦王面前诋毁姚贾说：『姚贾携带珍珠宝玉，南去出使了楚、吴，北去出使了燕、赵，经历了三年时间，但这四个国家未必真心实意和秦国结盟，而珠宝却已经进了四国王宫。这实际上是姚贾借大王的权势和国宝，私自结交诸侯。希望大王明察。姚贾起初是魏国的守门人，还偷过人家的东西；他后来在赵国做官，却被驱逐出境。大王任用这样一个守门人、魏国的大盗、赵国的逐臣，来参与国家大事的决策，是很难激励臣下的。』

秦王将姚贾召到宫里问道：『我听说你用我的钱私自结交诸侯，有这事吗？』

姚贾坦然地回答说：『是的，有这回事。』

秦王怒道：『你还有脸面再见我吗？』

姚贾毫无畏惧地回答说：『曾参对父亲孝顺，天下人都愿意让他成为自己的儿子；伍子胥忠于吴王，天下的君主都想让他成为自己的大臣；贞女巧于女红，天下人都想让她做自己的妻子。姚贾忠于大王，大王却不知道；姚贾不将珠宝送给四国诸侯，还能送给谁呢？假使姚贾对大王不忠，四国诸侯能相信我吗？夏桀听信谗言杀了良将，商纣听信谗言杀了忠臣，最后都身死国亡。现在大王听信谗言，忠臣将不复存在了。』

秦王轻蔑地说：『可你不过是个看门人，魏国的大盗、赵国的逐臣而已。』

姚贾说：『太公望吕尚，在朝歌时是个肉贩子，又是被子良赶走的家臣，在棘津时没有人雇他做工，但周文王却任用他成就了王业；管仲只是一个卑贱的商贩，在南阳时曾困顿不堪，后来在鲁国成了囚犯，但齐桓公却任用他，以至称霸诸侯；百里奚，是虞国的乞丐，相传他的身价只有五张羊皮，但秦穆公任命他为相，征服了西戎；晋文公任用了中山大盗，取得了城濮之役的胜利。』

姚贾见说得秦王动了心，就继续说：『这四位智士，都有过非常耻辱的历史，因而都遭到天下人的诽谤，明智的君主之所以任用他们，是预见到他们可以建功立业。假如像卞随、务光、申屠狄那样洁身自好的人，大王难道能用他们吗？所以圣明的君主不计较人才的污点，不听信别人的谗言，只看他是否有为我所用的长处。所以，能使国家长治久安的人，即便有人诋毁他，君主也不要听信；有些人即使具有很高的声望，但如果对国家没有半点可用之处，也不应该奖赏。这样一来，就会让那些没有功劳的人不敢对大王存有非分的要求。』

秦王说：『你说得有理。』于是，又重新重用姚贾，并将韩非杀掉。

【品读】

姚贾是一个出身低微的人，但却是非常善辩的策士，他不仅凭借自己的巧舌如簧，游说四国放弃了对秦国的抵抗，而且还能在秦王对他低微的身份表示怀疑的时候，旁征博引，自比吕尚和管仲，不仅说服了秦王继续重用自己，而且还把韩国的使臣置于死地。这就是姚贾的过人之处。

## 一六、齐貌辨巧解芥蒂

靖郭君田婴特别欣赏齐貌辨，可是齐貌辨这个人有很多缺点，所以田婴的门客们都不喜欢他。士尉为此劝谏田婴，但是田婴根本听不进去，于是，士尉就告辞田婴，离开了这里。

田婴的儿子田文也对齐貌辨的做派很看不惯，经常在私下里劝说父亲不要过分地重用齐貌辨。田婴听了儿子的话之后非常生气，他大骂儿子说：『如果能让齐貌辨先生满意，即使是杀了你们这帮人，毁坏了我们家，我也会愿意，没有任何怨言地去做！』

于是，田婴让齐貌辨住在最好的房子里，让自己宠爱的家童亲自为他驾车，早晚伺候他吃饭、饮茶，简直是无微不至。

过了几年，齐威王去世了，宣王即位。田婴和宣王的关系非常不好，于是他就辞去相位，回到封地薛邑，和齐貌辨一起留在那里。

过了没有多长时间，齐貌辨去向田婴辞行，请求允许他去谒见宣王。田婴劝他：『大王很不喜欢我，您如果去了，一定会被杀掉。』

齐貌辨说：『我本来就没有想活着回来，我一定要去！』田婴没有办法劝阻他，只好让他去了。

齐貌辨到了齐都。齐宣王听说后，就准备好了要整治齐貌辨。齐貌辨去谒见宣王，宣王问他：『你，就是那个让靖郭君言听计从、十分欣赏的那个人吗？』

齐貌辨回答说：『十分欣赏是事实，言听计从则未必。大王刚被立为太子时，我对靖郭君说：「太子的相貌不太好，两腮过大，双目斜视，这种人肯定会背叛的。你不如废掉太子，另立卫姬生的郊师那么小的孩子为太子。」可是，靖郭君哭着说：「不行！我不忍心这样做。」如果他按我的意见做了，就没有现在的祸患了。这是一件事情；我们这次到了薛邑，楚国的昭阳用大于薛地几倍的地盘与靖郭君交换封地，我又建议：「一定要答应楚国的要求！」可是，靖郭君说：「我从先王那里接受了薛邑之封，尽管与当今大王的关系不好，可如果失掉了薛邑，你让我如何对先王交代呢？况且薛邑有先王的宗庙，我又怎么能把先王的宗庙交给楚国呢？」又没有听我的。这是第二件事。』

宣王听完这番话，长长地叹息了一声，面色缓和了下来，然后，又对齐貌辨说：『靖郭君居然对我这么好吗？我一点都不知道。您愿意替我去把靖郭君请回来吗？』

齐貌辨答应：『遵命。』

田婴回到齐都，他穿着威王赏赐的衣服，戴着威王赏赐的帽子，佩带威王赏赐的宝剑。宣王亲自去城郊迎接他，一看到他就哭了。

田婴到来后，宣王就请求他出任相国。田婴推辞不干，最后不得已才接受了。过了七天，他又以有病为由坚辞，三天后才被宣王批准。在当时，田婴真可谓能发现人才了，自己能了解人才，所以别人的非议也无法阻挠。这正是齐貌辨能舍弃生命、乐于奔走，为田婴解除祸患的原因呀！

【品读】

中国有句古话：『士为知己者死。』齐貌辨一直受到了田婴的欣赏和重用，所以能够在田婴即将灾难临头的时候挺身而出，为田婴解围。通过田婴重用齐貌辨的故事我们可以看出，对于上层统治阶级的领导者来说，用人之道在于知人善任，用人之长。所谓知人善任就是了解和掌握自己手下人的特点，并将他的才能合理地利用。所以从某种意义上讲，知人善任和用人之长是一致的。

## 一七、一举两得

齐威王时，邹忌是贤相，田忌是良将，两个人同是国家的忠臣，但却彼此不和，成见颇深。

公孙闬对邹忌说：『相国为何不向大王建议伐魏？如果胜了，是你出的主意；如果败了，罪在田忌。如果田忌败了，即使他不战死，也会因为战败后退而被大王杀掉的。』

邹忌说：『真是妙计！』于是，便去见齐王，劝齐王让田忌率军伐魏。

结果田忌伐魏，三战三捷，消息传来，邹忌感到很不安，他问公孙闬说：『田忌三战三捷，这如何是好？』

公孙闬说：『相国勿忧，我自有办法。』

公孙闬派人带着十镒黄金到市上去占卜，对卜者说：『我是田忌的人，如今田将军三战三捷，名震天下，想回军成大事，请你卜一卜可否吉利？』

派出的人占卜完走后，公孙闬命人逮捕卜者，举报给齐威王。

这时，有人跑去告诉远在前线的田忌说：『有人在陷害将军，将军要防备啊！』

田忌听说占卜之事后，怕辩白不清，不敢回国了，打算出走。

这时，孙膑对田忌说：『将军愿意成大事吗？』

田忌问道：『如何成大事？』

孙膑说：『将军可以留下军中老弱者，只率精锐之师冲入临淄西门。这样，齐王可制，邹忌也可以赶走了。否则，将军就不能回齐国了。』

田忌没有听孙膑的话，而是逃亡到了楚国。邹忌听说之后，担心田忌利用楚国的支持，重返齐国。这时，有个叫杜赫的人对邹忌说：『请让我为丞相跑一趟，我会让楚王把田忌留在楚国。』

邹忌听了，十分高兴，为他准备车马，让他出发了。

杜赫面见楚王说：『邹忌之所以不和楚国结好，是因为怕楚国支持田忌重返齐国啊。大王不如将江南之地封给田忌，表示田忌不再回齐国了。邹忌听说后，一定会重谢楚国的。田忌是逃亡的人，得到封地后，也会感激大王的，如果他将来回到齐国，也会让齐国服侍大王的。这样，田、邹二人就都为大王所用了。』

楚王听了杜赫的话，十分高兴，马上将江南之地封给了田忌，而田忌也失去了重返故国的机会。

【品读】

田忌是齐国的名将，邹忌是齐国的良相，但是两个人不能做到将相和，于是给国家埋下了祸根。邹忌利用公孙闬，先是设计逼走了田忌，然后又派人去游说楚王，将田忌永远地留在了楚国，永远没有了重返齐国的可能。田忌遭遇了这样的命运，谋臣在其中起到了非常重要的作用，同时，也与两个人都不能很好地与对方合作有着十分重要的关系，如果两个人都退一步，便会海宽天空，齐国的国运也会昌盛起来。

## 一八、趋利避害说合纵

陈轸曾经做过楚国之臣，大概因为不能取得楚王的信任，于是去了魏国，欲求仕于魏王。陈轸去魏国求仕时，恰好张仪在魏国得宠于魏王。张仪很不喜欢陈轸，为阻塞陈轸求仕之路，遂对魏王说：『陈轸心系楚国，曾很卖力地为楚国求地，他若在魏国参政，必定会为楚国的利益着想。』

因为张仪的排挤，所以陈轸一直不被魏王任用。有一位名叫左爽的人对陈轸说：『张仪正深得魏王信任，他在魏王面前说下一句话，您即使解释一百遍，魏王也不会听您的。』

于是，他和陈轸定下了一条计策。按照计策，陈轸派人把张仪说给魏王的话到处宣扬，一直传到楚国，让楚王听到。楚王听到张仪的话后，打消了对陈轸的疑虑，立即准备任用陈轸。

秦国攻击魏国，陈轸使得韩、赵、魏三国结成同盟，接着，又到齐国去游说齐湣王。他拜见齐王说：『古代的帝王兴兵征讨，是想匡立天下，建立功名，并且为子孙后代着想。如今齐、楚、燕、赵、韩、魏六国相互征讨攻伐，非常剧烈，不但不可能建立功名、却正好可以增强秦国的实力并且削弱自身，这不是山东各国最好的策略呵！威胁山东各国安全的是秦国。可是山东六国居然不担心强秦，反而自己相互攻伐，消耗彼此的实力，最后让秦国坐收渔翁之利，这正是我替山东各国忧虑的原因呀！各诸侯国替秦国相互割削，可秦国却连力都没有出；各国替秦国相互烹煮，可秦国却连柴火都不用出。为什么秦国那样聪明，而山东各国如此愚蠢呢？希望大王能好好思考这个问题！

『古时候，五帝、三王、五霸之所以兴兵攻伐，是为了讨伐无道的诸侯。现在的秦国攻伐天下就不是这样了，它的宗旨与古代帝王完全背道而驰，各诸侯国君必然死于屈辱，而老百姓一定会死于掳掠。如今韩、魏两国百姓的眼泪从来都没有干过，而齐国却并非如此。这并不是由于秦国和齐国亲近而与韩、魏疏远的缘故，只是因为齐国距离秦国较远，而韩、魏离秦国很近而已。现在，齐国马上就离秦国近了，因为秦国想攻占魏国的绛、安邑一带，秦国一旦占领了绛、安邑，然后再往东渡过黄河，黄河内外都将被秦国吞并。

秦军东进攻击齐国，会占领齐地一直扩展到大海。这样一来，楚、韩、魏三国被阻绝在南方，燕、赵被阻塞于北方，相互无法联络，齐国就没有什么好主意了。希望大王能仔细考虑一下。

『如今赵、韩、魏三国已经结成联盟，重新约定为兄弟邻邦，约定好共同出动精锐部队戍守魏国西部边防以及绛、安邑地区，这是确保长治久安的策略呀！齐国如果不马上出动精锐部队与三晋联合，一定会有后患！三晋形成联盟，秦国就不敢攻击魏国，肯定会转而向南攻楚。楚、秦两国争战，三晋怨恨齐国不帮助自己，一定会联合向东攻齐。这就是我所说的齐国一定会有大的祸患。大王您不如赶快出兵与三晋联合。』

齐闵王听了陈轸的话，认为很有道理，果然郑重地答应了，于是派出军队与三晋联合抗秦。

【品读】

陈轸是一个以游说列国君王而追求个人功名的人物，在楚国失宠后，无奈之下来魏国求仕。张仪为堵塞陈轸的进用之路，向魏王进『谗言』，把陈轸说成是暗通楚国的奸细。陈轸明知自己在魏国的求仕是根本不可能了，于是他将计就计，利用张仪的『谗言』巧做文章，顺势将自己『通楚』的『恶名』宣扬出去，将这个消息反馈给楚王，反而取得了楚王的信任。在秦国讨伐魏国的时候，陈轸在齐王面前陈述利害，游说齐王出兵抗秦，展示了陈轸作为游说之士的谋略和辩才。

## 一九、苏秦巧舌说合纵

苏秦分别游说韩、赵、魏、燕四国国君，各自出军兵粮草，以攻秦国，推选赵国宰相奉阳君为合纵长，而齐国实际上却是合纵的真正组织者和指挥者。名义上虽然是合纵攻秦，但实际上不过是借齐制秦。

苏秦为赵国组织合纵联盟，他游说齐宣王说：『齐国南有太山，东有琅琊，西有清河，北有渤海，这是一个四面险阻的好地方呀！齐国的疆域方圆达两千里，军队有数十万，粮食堆积得像小山一样高。国家的精锐部队，以至各地征调的士卒，行动起来如同箭矢一样迅速，打起仗来像雷电一样勇猛，解散时有如风雨一样迅疾。即使发生战事，也不必翻越大山，渡过清河、渤海去远征。都城临淄之中，有七万户人家，我私下里估算过，每户三个男子，三七二十一万啊！不需要征发边远县份的壮丁，仅临淄城内就已经有二十一万兵力了！临淄十分殷实富足，城内的居民到处都是吹竽、鼓瑟、击筑、弹琴、斗鸡、赛狗、下棋、踢球来取乐度日的。临淄城内的街道，车轮互相撞击，人群拥挤，如果把街道上行人的衣襟连起来就会形成帷帐，如果把衣袖举起来也会成为帐幕，人们挥洒的汗水如同下雨一样。家家殷实富裕，人人趾高气扬。如今以大王您的贤明和齐国的富强而论，普天下没有哪个国家能比得上，可现在竟然西面臣服于秦国，我真为大王您感到耻辱。

『韩、魏两国之所以害怕秦国，只是由于它们和秦国接壤的缘故。双方出兵相遇，用不了十天的工夫，胜负存亡的关键就可以决出，韩、魏如能战胜秦国，军队起码会损失一半，以致边境无人守备；如果胜不了秦国，灭亡就会紧随而至。因此，韩、魏两国就把和秦国交战看得重，而把向秦国称臣看得轻。

『如果现在秦国进攻齐国，那就不一样了。它背靠韩、魏两国，必须经卫国的阳晋与过亢父这两个险要地方，战车无法通过，马匹不能同行，只要有一百人扼守，即使是上千人也无法逾越。秦军即使想深入齐地，他们也会有后顾之忧，唯恐韩、魏两国抄它的后路。所以，它因为疑惧而虚声恐吓，摆出进攻的架势却不敢进兵。秦国根本无法伤害齐国，已是十分明显的了。如果无法预料到秦国不能奈何齐国，而想去西面臣服秦国，那就是大臣们的策略错了。如若现在大王要避免臣服于秦的恶名，取得富国强兵的实利，希望大王能稍微考虑一下我的建议。』

齐湣王说：『我这人不聪明，现在您奉赵王的旨意前来开导我，我愿意让齐国接纳尊大王的意图。』

【品读】

苏秦是中国古代纵横家的代表人物。纵横家多出身贫贱，在最艰苦的条件下，将人类智慧超常地释放、创造和发挥出来，他们以布衣之身游说诸侯，可以以三寸之舌退百万雄师，也可以以纵横之术解不测之危，纵横家可称为中国五千年中最早也最特殊的外交政治家。他们的出现主要是因为当时割据纷争，王权不能稳固统一，需要在国力富足的基础上利用联合、排斥、危逼、利诱或辅之以用兵之法不战而胜，或以较少的损失获得最大的收益。他们的智谋、思想、手段、策略基本上是当时处理国与国之间问题的最好办法，是世界史上独一无二的历史阶段，其在一定历史条件下所创造的智慧是后世任何一个朝代都无法超越的。

## 二〇、张仪巧舌说齐王

秦惠文君九年，张仪由赵国西入秦国，凭借出众的才智，被秦惠王任为客卿，筹划谋略攻伐之事。次年，秦国仿效三晋的官僚机构开始设置相位，称相邦或相国，张仪出任此职。他是秦国置相后的第一任相国，位居百官之首，参与军政要务及外交活动，从此开始了他的政治、外交和军事生涯。

张仪拜相后，积极为秦国谋划。为了应对苏秦的合纵之策，他采用连横术迫使韩、魏太子来秦朝拜，又游说魏惠王，不用一兵一卒，使得魏国把上郡十五县一起献给秦国。

为了对抗合纵政策，张仪运用连横策略，为秦国奔走。他来到齐国，游说齐王说：『普天之下没有比齐国更强大的国家了。大臣贵戚殷实、富足、快乐的程度，也没有能超过齐国的。可是替大王谋划的人，都是想暂时博取大王的高兴，而不是考虑齐国的长远利益。那些主张合纵的人游说大王，必定会说：「齐国西有强赵，南邻韩、魏，背靠大海，疆域辽阔，人口众多，军队强大，士卒英勇，即使有一百个秦国，也不能把我们怎么样！」大王只是听信了他们的虚言，却不了解实际情况。

『那些主张合纵的人结党营私，朋比为奸，没有不夸耀合纵好的。我听说过，齐国和鲁国打了三次仗，鲁国胜了三次，可是国家却紧接着危急，乃至灭亡，虽然名义上胜利了，可实际上却灭亡了，这是什么原因呢？是因为齐国大而鲁国小。现在的赵国与秦国，就和当年的鲁国与齐国一模一样。秦、赵两国在黄河、漳水一线交战，两次战役赵国都取得胜利；又在番吾作战，赵国也是两战两胜。经过四次战役，赵国损失了几十万士卒，只不过保住了邯郸而已，尽管有了战胜秦国的名声，可国家业已破败不堪。这是什么原因呢？是因为秦国强大而赵国弱小。

『如今秦、楚两国嫁女娶妇，相互联姻，结为兄弟盟国；韩国割让宜阳，魏国供奉河外，赵国在渑池朝见秦王，割让河间侍奉秦国。大王如果不臣服秦国，秦国将会催促韩、魏两国攻击齐国的南方，让赵军全部出动，渡过黄河、漳水，直攻博关，这样一来，临淄和即墨等地就不会再为大王所拥有了。国家一旦遭到进攻，您即使想侍奉秦国，也不能实现了！所以，我希望大王能深思熟虑。』

齐王说：『我们齐国孤陋寡闻，僻处东海，从来没有听说过国家的长远策略。今天尊贵的客人有所见教，我愿意以齐国侍奉秦国。』于是，把三百里盛产鱼盐的地方割让给了秦国。

【品读】

战国时，列国林立，诸侯争霸，割据战争频繁。张仪在商鞅变法的基础上，『外连衡而斗诸侯』，与秦国的耕战政策相配合，运用雄辩的口才、诡谲的谋略，纵横捭阖，游说诸侯，建树了诸多功绩，在秦国的政治、外交和军事上成为举足轻重的人物。他在风云多变的险恶环境中，主要凭借外交手段，采用连横策略，『散六国之从，使之西面事秦』，结果是秦国的国威大振，在诸侯国中产生了巨大的威慑作用，张仪作为杰出的纵横家，出现在战国的政治舞台上，对列国兼并战争形势的变化产生了较大的影响。

## 二一、张仪巧解危难

张仪辅佐秦惠王，使得秦国的国力得到了极大的增强。秦惠王死后，秦武王即位。左右的大臣们中伤张仪说：『张仪辅佐先王时不忠诚。』话还没有说完，齐国又派使者前来谴责武王重用张仪。

张仪听说后，就对秦武王说：『我有一条不算高明的计策，希望能献给大王。』

武王问：『你有什么计策？』

张仪说：『我为秦国的利益考虑，最好是山东各国发生大的动乱，大王才能多割取土地。现在齐王很憎恨我，我到哪里，齐王一定会出动军队进攻。所以，我请求大王允许让我这个没有出息的人去魏国，齐国一定会出兵攻打魏国。齐、魏两国的军队对峙，谁也无法取胜，大王趁这个机会进攻韩国，兵出函谷关，进入韩国三川，不要轻易进攻，只要以大军压境，周天子肯定会献出宝器。您进一步挟持周天子，掌握地图和人口，这是成就王业的基础呀！』

武王说：『好主意。』于是，就准备了三十辆车，把张仪送到了魏国。齐王听说张仪去了魏国的消息，果然出兵攻打魏国。

魏王十分恐慌，张仪说：『大王不要担心，我这就会让齐国撤军回去的。』于是就派他的舍人冯喜去了楚国，又借用楚国使者的名义前往齐国。

冯喜到了齐国，对齐王说：『大王非常憎恨张仪，尽管这样，您还是在秦王那里好好抬举了张仪。』

齐王说：『我非常憎恨张仪，张仪在什么地方，我都会出兵讨伐，怎么会抬举他呢？』

冯喜就说：『这正是大王抬举了张仪！张仪离开秦国时，本来就对秦王说：「为大王考虑，最好是山东各国有大的动乱，大王才能多割取土地。现在齐王很憎恨我，我到哪里，齐王一定会出动军队进攻。所以，我请求大王允许我这个没出息的人去魏国，齐国一定会出兵攻打魏国。齐、魏两国的军队对峙，谁也无法取胜时，大王就趁这个机会进攻韩国。兵出函谷关，进入韩国三川，不要轻易进攻，只需大军压境，周王就会献出宝器，然后大王进一步挟持天子，掌握地图、人口，这是成就王业的基础呀！」秦王认为他说得对，就给他皮车三十辆，送他到了魏国。如今，大王您果然兴兵伐魏，实际上是大王您在削弱自身的实力啊！进攻盟国，增加更多的敌国来压迫自己，同时也在秦王面前抬举了张仪！这是我说大王抬举张仪的理由。』

齐王说：『你说得对。』于是，齐国就停止了对魏国的进攻。

【品读】

汉高祖刘邦称赞张良说：『夫运筹帷幄之中，决胜千里之外，吾不如子房。』意思是说，张良坐在军帐中运用计谋，就能决定千里之外战斗的胜利。这说明张良心计多，善用脑，善用兵。其实，早在战国时期的张仪早就有了运筹帷幄、把六国的君王玩弄于股掌之中的本领。当他感到自己已经不被武王信任的时候，就来个金蝉脱壳，来到魏国。当齐国因为痛恨张仪，因为张仪来到魏国而举兵征伐的时候，又巧妙地派人来到楚国，让自己的人利用楚国使者的身份，到齐国去游说，果然能够让齐国放弃了对魏国的战争，解了魏国的危难。张仪所做的一切，固然很难用正统的眼光去判断他的是与非，但是，他的游说充分显示了一个谋略家的智谋，只有把天下的形势全部囊括于胸中的人，才能有调动天下人为我驱驰的能力。

## 二二、冯谖的故事

齐国有个叫冯谖的人，因为贫困无法生存，就托人向孟尝君说情，希望能在孟尝君家里当食客。

孟尝君问：『你有什么长处？』

冯谖回答说：『我没有什么长处。』

孟尝君又问：『那你有什么才能呢？』

他回答：『我没有什么才能。』

孟尝君笑了笑，说：『好吧。』

因为冯谖没有什么过人的本领，孟尝君左右的人看出主人并不重视冯谖，所以都很轻视他，给他吃很普通的饭菜。

过了一段时间，冯谖靠在柱子上一边拍打着自己的剑，一边高声唱道：『长剑啊，我们还是回去吧！吃饭没有鱼啊。』

左右的人将冯谖唱歌的事情报告给孟尝君。孟尝君说：『既然是这样，那就给他吃鱼吧！就和那些吃鱼的门客一样对待。』

过了一段时间，冯谖又弹着剑唱了起来：『长剑啊，我们还是回去吧！出门没有车可乘。』

左右都开始笑话冯谖，认为他太自不量力了，然后又把冯谖唱歌的内容汇报给孟尝君。

孟尝君想了想说：『给他准备车子！和那些坐车的门客一样对待。』于是，冯谖就坐着马车，带着长剑，向他的朋友们炫耀说：『孟尝君待我像贵客。』

过了一段时间，他又弹起他的剑，唱道：『长剑啊！我们回去吧！没有办法养活家小啊。』这下，孟尝君左右的人都开始憎恶冯谖，认为他是一个贪得无厌的家伙。

孟尝君派人叫来冯谖问：『冯谖先生有亲人吗？』

冯谖说：『有年老的母亲。』

于是，孟尝君就派人去给冯谖的母亲送去用具和食物，不让冯谖的母亲生活拮据。从此之后，冯谖就不再唱歌了。

后来，孟尝君出了一通告示，询问门下的食客们：『谁熟悉算账的事情，能替我去薛邑收债呢？』

冯谖说：『我能。』

孟尝君很奇怪，派手下的人去询问：『这人是谁？』

左右回答说：『就是那个唱着「长剑啊回去」的人。』

孟尝君听了，笑着说：『这个人果然有才能，可我却对不住他，甚至没有接见过他。』于是，请冯谖来相见，对冯谖道歉说：『我因政事太多而疲倦不堪，因忧思过度而昏聩糊涂，而且生性懦弱愚笨，整天操劳国家大事，以致得罪了先生。可是先生却并不因此记恨，居然想替我去薛邑收债吗？』

冯谖说：『我希望能去。』

于是，他就准备车辆、行装，带着债券去了薛邑。临行前，他请示孟尝君说：『收完债后，买些什么东西回来呢？』

孟尝君不置可否地说：『你看我们家缺什么，就买什么吧。』

冯谖赶着马车到了薛邑，派官吏去把应该还债的百姓都叫来，核对债券。等他把所有的债券都核对完毕后，站起身来，假借孟尝君的命令，把所有的债务都免除了，同时还烧毁了债券。百姓们都高呼万岁。然后，他径直赶回临淄，大清早就去求见孟尝君。

孟尝君很奇怪他回来得这样快，急忙穿好衣服来接见他。见面之后，孟尝君问他说：『债都收完了吗？怎么这样快？』

冯谖回答：『都收完了。』

孟尝君又问：『你买了什么东西回来？』

冯谖说：『我走的时候，您说「看我们家缺什么就买什么」。我私下里替您盘算，您家里面堆积着数不清的珍玩宝器，外厩中养满了骏马、名犬，美女排列成行。您家里所缺乏的只有「仁义」了，所以私自为您买了些「仁义」回来。』

孟尝君说：『你是怎么买「仁义」的呢？』

冯谖回答：『如今您只有小小的薛邑，却不像爱护子女一样去抚恤那里的百姓，反而在他们身上榨取血汗。我就假借您的名义，免掉了百姓的债务，并烧毁了债券，百姓都高呼万岁。这就是我替您买回来的「仁义」呀！』

孟尝君很不高兴，说：『我知道了，你回去休息吧！』

又过了大约一年光景，有人在齐湣王那里说孟尝君的坏话。齐王就对孟尝君说：『我可不敢再任用先王的大臣为自己的臣子了。』

孟尝君知道这是齐王在下逐客令，他只好回到自己的封邑薛地。当他的车子距离薛地还有一百里的时候，薛邑的百姓就已经扶老携幼在路上迎接孟尝君了。

孟尝君回过头去对冯谖说：『先生您为我买来的仁义，我现在感觉到了！』

冯谖就说：『大凡狡诈的兔子都凿有三个洞穴，这样才能免去一死。可现在您只有一个洞穴，还不能高枕而卧。我去替您再营造两处洞穴吧！』

孟尝君就给了他五十辆马车，五百斤黄金，让他去魏国游说。冯谖对魏襄王说：『齐国打算把它的大臣孟尝君奉送给诸侯，哪位能先迎请到他，就可以富国强兵。』

于是，魏襄王就腾出相国的位置，让原来的相国担任大将军，然后派出使节，用黄金千斤、马车百辆，去迎聘孟尝君。

冯谖抢在魏国使节的前面先回去，他告诫孟尝君说：『千金，是很多的财物；百乘，是隆重的出使。您不要应聘，齐国很快会听说这事的。』

魏国的使者跑了三趟，孟尝君都推辞了，没有去魏国。齐湣王听说了这件事之后，君臣们都很紧张，就派太傅带着一千斤黄金、纹饰华丽的四驾马车两辆以及自己的佩剑和书信去向孟尝君谢罪，说：『我确实不好，为神祸所迷惑，听信谄谀之臣的谗言，得罪了您。我自己没有什么可以称道的地方，只希望您看在祖先宗庙的分上，暂且回来执掌国政！』

冯谖告诫孟尝君说：『希望您能索取先王的祭器，我在薛邑为他们建立宗庙。』宗庙建成后，冯谖回去向孟尝君做了汇报，并说：『三个洞穴我已替您营造好了，您现在可以高枕无忧地享乐了！』

孟尝君担任齐相几十年，没有遭到丝毫祸患，全是因为冯谖的策略得当。

【品读】

冯谖是一个小人物，生活状态很不好，孟尝君只是出于对他的同情，非常偶然地收留了他。后来，冯谖一次又一次地向孟尝君提出要求，虽然被人看作贪得无厌，但是孟尝君还是满足了他的要求。后来，冯谖在薛地为负债的百姓免去了债务之后，孟尝君虽然对他很不满意，但是并没有把冯谖怎么样。后来孟尝君在朝廷受到了排挤，回到自己的封地薛地之后，才感觉到当年冯谖为自己买下的『仁义』的价值，在冯谖的努力之下，孟尝君不仅得到了魏国的追捧，而且还把先王的宗祠建在薛地，得到了先王的宗祠，等于为孟尝君的安全上了一道保险。从此，孟尝君安然无恙地担任齐相，这一切虽然得益于冯的谋划，但是，也与孟尝君对人才的包容分不开，如果没有孟尝君对冯谖的宽容，就没有后来冯谖为孟尝君所出的计谋了。

由此可见，一个谋略之士的诞生，除了他个人勇敢、富有智谋的素质之外，更需要有人来赏识他、培养他、重用他，离开了这样的环境，就像是鱼儿离开了水，注定不能长久。

## 二三、公孙弘护主

孟尝君组织抗秦合纵阵线，公孙弘对孟尝君说：『您应该派人先去观察一下秦王，如若秦王确实是可以成就帝王大业的君主，您唯恐不能成为他的臣子，又哪有工夫组织合纵去向他发难呢？假如看出他是一个没有什么才能的君主，你再组织合纵阵线向他发难，也不算晚。』

孟尝君称赞：『好主意！我就借重先生去跑一趟吧。』

公孙弘说：『好吧！』然后，公孙弘就带着十辆车子的车队前往秦国来探听虚实。

秦昭王听说公孙弘要来秦国，就准备用言辞羞辱他。公孙弘去见秦昭王，秦昭王问：『薛公的封地有多大？』

公孙弘回答说：『方圆百里。』

昭王笑着说：『我的领土方圆几千里，尚且不敢随便向别的诸侯国发难。现在孟尝君只有区区方圆百里的地盘，就敢向我发难，这难道可以成为现实吗？』

公孙弘回答说：『孟尝君喜欢招揽贤士，大王则不然。』

昭王问：『孟尝君喜欢招揽贤士，又能怎么样呢？』

公孙弘说：『孟尝君招揽的贤士中，论坚守道义不肯做天子之臣、诸侯之友的，能实现自己的抱负就不羞于为君主，否则就不肯屈为人臣的贤士，有三人；论治理国家，可以成为管仲、商鞅的老师，只要他们的主张被采纳实施，就可以使他们的君主成为霸主，这样的贤士有五人；即使是万乘大国的尊贵国君，只要侮辱了作为使者的他，他马上抽剑自杀，血溅当场，就像我这样的，有七人。』

秦昭王笑着向他赔罪说：『您为何说这样的话呢？我只是和您开个玩笑而已！我很敬重孟尝君，想让您把我的想法转达给他。』

公孙弘说：『那好吧！』

有人评价说，公孙弘是一个不可羞辱的人，秦昭王是大国的君主；孟尝君只是个千乘封君。公孙弘能弘扬孟尝君的美德并不受凌辱，可谓不辱使命啊！

【品读】

公孙弘对孟尝君的忠诚，让人联想起另外一个战国时期的人物——豫让。他是智伯的手下，后来智伯被赵襄子所杀，豫让改变姓名，漆身吞炭，使人认不出自己，几次行刺赵襄子，都被赵襄子发现了，赵襄子因为他是义士而没有杀他。最后一次刺杀赵襄子，赵襄子说：『你也曾服务于范氏和中行氏，可是他们后来都被智伯所灭，你为什么不替他们报仇？现在智伯已经死了很久，你为什么总是要来为智伯报仇？』豫让说：『范氏和中行氏只是把我当作普通人，所以我也用普通人的态度来对待他们，而智伯给了我国士的荣誉，所以我也要用国士的态度来报答他！』

中国有句古话，『士为知己者死，女为悦己者容』。孟尝君能够知人善任，广泛地采取别人的建议，同时也得到了门客的敬重。公孙弘面对咄咄逼人的秦王，大义凛然，反映了仕人为了报答知己，虽万死而不辞的精神。

本章释评

本章着重讲了一个『谋』字，指的是有谋略的人如何帮助别人谋划事情，用游说的形式，起到只有战争才可能取得的结果，所谓『不战而屈人之兵』，说的就是这一点。

为了能够做到这一点，必须知己知彼，才能百战不殆，这就要求为别人提供谋略的策士，胸中装得下整个世界，利用各个国家之间的利益关系相互制衡，然后游说别人，以此来达到目的。

# 第十一章　决篇第十一

【阅读提示】

一、有疑难的问题才需要决断，而决断的前提是趋利避害。

二、应如何进行决断，包括五种对待手段，四种具体方式，五种可以立即决断的情况，决断要综合考虑过去、现在和将来的情况。

三、总结全篇，说明决断的重要性。

凡决物，必托于疑者，善其用福，恶其有患①，害至于诱也，终无惑②。偏有利焉，去其利，则不受也，奇之所托，若有利于善者，隐托于恶，则不受矣，致疏远③。故其有使失利，其有使离④害者，此事之失。

①善其用福，恶其有患：不论任何人得到福就高兴，却都讨厌遇上灾难。可见不论是福还是祸，都应慎重考虑之后，再决定办法。

②害至于诱也，终无惑：假如进行慎重决定，即使祸患迫近心头而又犹豫不决的事，最后也不致陷于迷惑。

③利于善者……致疏远：假如疑心他人以善为利，实际上是在做着恶事，不但不能接受，甚至还应当疏远。

④离：古通罹。罹，遭遇、遇到的意思。

圣人所以能成其事[①]者有五：有以阳德之者，有以阴贼之[②]者，有以信诚之者，有以蔽匿之者，有以平素之者。阳励于一言，阴励于二言，平素、枢机[③]，以用四者[④]，微而施之。于是度以往事，验之来事[⑤]，参[⑥]之平素，可则决之。公王大人之事也，危[⑦]而美名者，可则决之；不用费力而易成者，可则决之；用力犯勤苦，然而不得已而为之者，可则决之；去患者，可则决之；从福者，可则决之。

①圣人所以能成其事：圣人能做成事情的原因。

②以阴贼之：暗中治人。

③平素、枢机：平素即平时，枢机是枢要、机要的意思。

④四者：指一言、二言、平素、枢机四项。

⑤验之来事：运用将来的事情进行判断。

⑥参：核对、对照、查对。

⑦危：崇高的意思。

故夫决情定疑，万事之机①，以正治乱②，决成败，难为者。故先王乃用蓍龟③者，以自决也。

①万事之机：万事的枢纽要害及其关键所在。

②治乱：指世间的治世与乱世。天下太平为治，战争纷起为乱。

③蓍龟：占卜的意思。蓍是筮竹，龟是龟甲，都是占卜的工具。

【译文】

凡是决断事情，都是受托于被疑难所困之人。一般说来，人们总希望遇上好事，而不希望遇到灾祸，即使灾祸临头了，也希望不至于因被引诱而陷入迷惑。

做决断时，只对一方有利，那么不利的一方就不会接受。这是运用奇策的基础。如果我们觉出有人（决策时）表面上做善事而实际上在暗中作恶，我们不仅不能接受他，而且还要疏远他。所以，有时办事不力，使之受到损害，都是决策的失误啊。

圣人之所以能成就大事业，有五种因素：以公开的道德教化百姓；以暗中的谋略惩治坏人；以信义取信于人民；以爱心庇护大众；以廉洁净化社会。

实施公开的鼓励法，应当坚持守常如一；用谋略控制百姓，要遵循矛盾法则；掌握事物的对立面；还要特别注意平常与关键时刻。如果能小心巧妙地把握上述四个方面，用以推断以往的事情，预测未来的事情，再参照平日的情况，就可以决策了。王公大臣们，都享有高尚的美名，如果他们可以做出决断，那么不用费力就很容易获得成功，不用气力就能成事的也可以做出决断。有些事虽然费力辛苦，然而不能不做出决策，那么可以做出决断；如果能排除忧患，也要做出决断；如果能带来幸运，也要做出决断。

所以说决断事情，解决疑难，是成就万事的关键。用澄清治乱来预测成败是很难办的事啊！所以先圣是用蓍草、龟甲卜筮来做决定的（从而避免了错误的人为因素）。

## 鬼谷智囊

### 一、收放自如的张孟谈

张孟谈已经巩固了赵氏在晋国的地位权势，扩大了赵氏的封地，除掉了智伯这个威胁，就对赵襄子讲述赵简子的事迹，他说：『早先，先主简子掌握晋国政权的时候，曾经说过这样的话：「春秋五霸之所以能够号令天下，大体上是因为以下两点：国君的权势足以制约大臣；不要叫大臣们的权势反过来遏制了国君。」所以一般情况下，显贵到裂土封侯地步的人，不要叫他再担任相国的职位；凡是将军以上职务的武官，不要让他在朝中担任亲近大臣。现在，我的名声很显赫，地位极尊崇，手里掌握的权力很大，老百姓也很听我的话。我愿意捐弃功劳名位，辞去职务，归还权力，从此远离官场。』

赵襄子听了这番话之后，十分惆怅地说：『这是为什么？我听说，能竭力辅佐主人的人名声显赫；功劳高的人身份尊崇；管理国家政事的人权力很大，诚信效忠以身作则的人老百姓敬服。这些品德，都是上古的圣人们用来管理国家、安定社稷的法宝。您怎么能够这样做呢？』

张孟谈回答说：『您所说的这些事，都是成功者的好处。而我所说的则是执掌国家的方法。我回顾史事，也听到一些有关上古的传说，天下美好的事情大体上都是相同的，但是国君与大臣权势相当而能够办好事情的却从来都没有过！不忘记过去的经验教训，可以指导人干好以后的事情。您如果不想办好事情，单靠我的力量是无能为力的。』

说完这番话，张孟谈面色悲怆，有要与襄子诀别的意思。襄子让张孟谈暂时离开。回去后，张孟谈整整躺了三天，又派人给赵襄子传他的话：『晋阳解围的时候，如果我不服从命令，您怎么办？』

襄子说：『杀死你并屠戮尸体。』

张孟谈说：『我作为左司马理应为赵氏的利益所驱使，安定社稷。从来不逃避死亡，以成全我对赵氏的忠心，您干脆动手杀掉我吧！』

襄子只好说：『那么您就按您的主意去办吧！』于是同意了张孟谈的请求。张孟谈于是便大力宣传自己想得到安乐的舆论，交还封地，卸去职务，去掉了权势和地位，然后在名叫『负亲』的小山上耕田为生。后来，有人就谈论起这件事：『张孟谈的行为是古代贤良的行为，赵襄子之政也是圣明君主的政治啊。』

张孟谈种了三年地。这年，韩、魏、齐、燕联手准备进攻赵国。赵襄子亲自去找张孟谈，告诉了他这件事，并说：『那年三家共分智伯的封地，赵氏多分了十个城镇，所以，现在诸侯们又来谋取我们的土地了，您说应该怎么办？』

张孟谈说：『您要亲自背着剑、驾着车去赵氏的宗庙，把我安置在赵氏的朝堂上，让我重新任命大臣与官吏，我可以试着想想办法。』襄子说：『好的。』

张孟谈就让他的妻子出使楚国，大儿子去韩氏，二儿子去魏氏，小儿子去齐国。于是那四个国家便因为互相猜疑导致了攻赵计划的破产。

【品读】

张孟谈是赵国的开国功勋，曾经帮助赵简子战胜了智伯的围困，解了晋阳之围的困境。当赵国局面已经稳定之后严于律己，不做权臣，功成身退。当国家再次遇到危难的时候，挺身而出，不仅自己为国家运筹帷幄，而且还把自己所有的亲人都派出去，作为使者去四处游说，使得本来联合伐赵的韩、魏、齐、燕四国相互猜忌，兵不血刃就拆散了四国的联盟。鬼谷子说，圣人所以能成就大事业，有五种因素：他们要以公开的道德教化百姓；以谋略惩治坏人；以信义取信人民；以爱心庇护大众；以廉洁净化社会，张孟谈所做的这一切，符合圣人的行为准则，为保住赵国的宗庙社稷立下了汗马功劳。

## 二、豫让报主

晋国贤士毕阳的孙子名叫豫让，起初历事范氏和中行氏，不被看重，就离开了他们到智伯那里充当家臣，智伯很宠信他。

等到智伯被赵、韩、魏三家灭亡瓜分之后，由于赵襄子特别怨恨智伯，就把智伯的头颅雕漆后当饮器用。

当时，已经逃避到深山里面的豫让听说了这个消息之后，说：『唉！贤士应当为信任自己的人去死，妇女只是在为喜爱自己的人梳妆打扮，我一定要报答智伯对我的知遇之恩！』

于是，他更改了姓名，装扮成粉刷墙壁的工匠，潜入赵襄子的宫内为其粉刷厕所，想寻机刺杀赵襄子。

这一天，赵襄子要去上厕所，忽然，心里突然感觉有些不对头，预感到家里仿佛要出什么事。然后他就下令捉住粉刷工匠进行审问，结果，在这些粉刷墙壁的工匠当中发现了豫让。

赵襄子亲自审问刺客，豫让平静地说：『我想替智伯报仇。』

赵襄子的手下人都想杀了这名刺客，赵襄子制止道：『他也是一个义士呀！我以后小心点，躲着他就是了。何况智伯已经死亡，又没有继承人，反倒是他的家臣忠心到舍命为他报仇的地步。这也是一个大贤人呀！』最终，赵襄子下命令释放了豫让。

豫让出去之后，为了能够再次潜入赵襄子的府第，他把生漆涂在身上，让浑身肿烂，像生满癞疥一样，拔掉了胡须与眉毛，彻底地毁容，来达到改变相貌的目的。

为了测试自己毁容后别人是否能够认出自己，豫让将自己打扮成乞丐，到自己家去讨饭。豫让的妻子没有认出他，对一旁的人说：『这个人的样子一点都不像我的丈夫，可他的声音却跟我的丈夫豫让非常相似。』

豫让知道，是自己的声音露出了马脚，于是，又吞吃了木炭，让声音变得沙哑了。

他的朋友对他说：『你的复仇方式很艰难，而且也不可能成功。说你有志气，那是当然；说你聪明吧，则不然。以你的才能如果好好侍奉赵襄子的话，襄子肯定会亲近宠幸你，你就可以有接近他的机会去实现你的愿望了，这样做比较简捷而且容易成功。』

豫让听后，笑着对朋友说：『你说的方法就是因为前面的知己，向后面的知己寻仇，因为原先主人的缘故刺杀新的主人，攘乱君和臣之间礼义的事情，再也没有比这更过分的了。我现在之所以想方设法要干成这件事情，就是要表明君臣之间的礼义，并不是要去专门做什么容易的事情。况且委身侍奉他人，而目的是去刺杀他，这显然是怀着不忠之心去侍奉人。我就是要去做难以成功的事情，也让普天之下那些怀着不忠之心去侍奉主人的臣子为此感到羞愧。』

过了一段时间，恰逢赵襄子有事要出门，豫让看到赵襄子的手下在准备出行的车马，他就埋伏在赵襄子要经过的桥洞下面，等待机会刺杀赵襄子。

赵襄子的车走到了桥上，马突然受了惊，赵襄子说：『这一定又是豫让埋伏在这里。』说罢，派人到桥下面去查看，果然，又是豫让。士兵将豫让扭到赵襄子的面前，赵襄子对豫让说：『你不是也曾经侍奉过范氏和中行氏吗？智伯消灭了范氏和中行氏，你不但没有替他们报仇，反而委身于智伯，做了他的家臣。智伯也已经死去，你为什么单单非要替智伯报仇不可呢？』

豫让回答：『我侍奉范氏和中行氏，他们都是把我当作一般人看待，我也就以一般人的身份回报他们；而智伯则把我当作国之名士来看待，我当然要以名士的行为来报答他了。』

赵襄子听了豫让的一番话，感动得流出了眼泪，他感慨地长叹：『哎呀，豫让先生，您为智伯报仇的事，已经足以让您名扬后世了！我宽恕赦免您一次，也已经足够了。您自己考虑该怎么办，反正我再也不能赦免你了。』

豫让说：『我听说贤明的主子不会埋没别人的仁义行为，忠心的臣下不爱惜自己的生命，因而成就名望。

您在此之前已经对我宽恕过一次了，因此，普天之下没有人不称赞你是一个贤明的君主。今天的事情，我罪有应得，甘愿被杀，但是还想请求得到您的衣服让我击打一下，以成全我替智伯报仇的愿望，这样，我即使死了也不遗憾。这本来不是我希望达到的非分之求，我只是大着胆子坦白了我的心事而已。』

赵襄子为豫让的义气所感动，就派人拿着自己的衣服给了豫让，豫让用剑轻轻地击打了赵襄子的衣服一下，表明他已经替自己的主人智伯报了仇，然后，豫让仰天长叹说：『我可以在地下向智伯有所交代了。』说罢，豫让自刎身亡。豫让死的那一天，赵氏封地内的人听到后，都为他痛哭流涕。

【品读】

孔子曾经在《论语》中说过：『为人谋而不忠乎，与朋友交而不信乎？』豫让用他的死，上演了一场壮怀激烈的忠与信的故事。而在这个故事中，事件的主角虽然是豫让，但更值得称道的是赵襄子，他明明知道豫让要刺杀自己，第一次他放走了豫让，第二次，他竟然脱下了自己的衣服，让豫让来完成他为智伯报仇这一心愿。任何人爱惜自己的身体和生命都会胜过爱一切，赵襄子当然也不例外，但是，当他面对一个非常值得尊敬的对手的时候，不惜以自身冒险的代价成就了对方的心愿。从这里我们可以看到，赵襄子懂得如何用谋略控制百姓，懂得要遵循矛盾的法则，掌握事物的对立面。所以，他在成就了豫让的名声的同时，也树立了自己宽容、博爱的明主形象。

## 三、苏秦三见李兑

李兑是赵惠王的老师，曾经帮助赵惠王除掉了准备分裂赵国的赵章，并且把赵主父活活饿死在沙丘宫。

苏秦游说李兑，他说：『我是洛阳乘轩里人氏，名叫苏秦，家境贫寒，双亲年迈，哪怕是相当破旧的车子和瘦弱的马匹也没有，只是用桑木做的独轮车推着蓬草编织的小箱子，用布条裹着双脚，背着书简，担着行李，顶风冒雪在布满尘土的道路上徒步行走。向北越过漳水，脚上磨起了几层血泡，每日要走上百里路程才能歇宿，一直到了赵国都城之外，唯一的目的就是要拜见您，亲自在您面前说说天下的大事。』

李兑说：『如果先生您要在我面前说一些鬼怪之事，那是可以的；若要讲人世间的事情，我全部都已知道，就不用说了。』

苏秦回答说：『我本来就是要在您面前说一些鬼怪之事，并不是要讲人世之事。』李兑就接见了苏秦。

苏秦说：『这次我来的时候正好天色已晚，没能赶上进城门，又没有办法得到露宿用的苇席，只好在别人的田地里过夜，地旁有一个树丛，到了半夜，我听到一个小土人和一个小木人吵架。小土人说：「你不如我好！我是用土捏成的，假如我碰上大风暴雨的天气，被淋坏垮掉，不过是重新回到泥土这个形态而已；而你呢，如果不是树根所雕，那一定是用树枝做成的，你一旦碰上大风暴雨，就会被洪水冲到漳河里面，然后向东流入大海之中，漂流不定，没有你可以驻留的地方。」我私下里认为小土人赢得了胜利。如今，您杀掉了主父而且灭了他的宗族，您还要在这个世界上生活，就像累叠起来的鸟蛋一样危险。您如果接受我的计谋就可以求生，如果不听我的计谋那就必死无疑了。』

李兑说：『先生先去旅馆休息吧！明天再前来见我。』

苏秦出来后，李兑的门客对李兑说：『我偷偷地观察您和苏秦谈话的场面。依我看，他的口才超出您，他的知识也比您渊博。您能够接受他的计谋吗？』

李兑说：『不能接受。』

门客就说：『你如果不能接受，希望您能紧紧地塞住您的两只耳朵，不要听他说什么了。』

第二天李兑又接见了苏秦，谈了整整一天，苏秦才离去。

门客出来送苏秦，苏秦询问门客：『昨天我只是粗略地谈了谈我的想法，你的主人就已经动心了，今天我详细地谈我的计划，可他一点也不动心，这是什么原因？』

门客回答：『先生，您的计划宏伟，规模远大，我的主人没法接受，是我请求我的主人堵塞两耳，不听您的道理。即便如此，先生您明天还是来吧，我劝说他资助您足够丰厚的财物。』

第三天，苏秦又去见李兑，两人抵掌而谈。李兑送给苏秦明月一样闪亮的珍珠、和氏璧一样精美贵重的美玉、黑貂皮大衣、黄金一百镒。苏秦有了这么多的财富可资利用，就向西去，入函谷关到秦国游说去了。

【品读】

苏秦本来一介布衣，但是作为鬼谷子的弟子，自然胸藏雄兵，用他过人的机智和口才，通过游说李兑获得了大量的经济援助，并通过李兑的经济赞助去游说更多的国家，进一步获得了政治地位。

任何一个现象的出现都不是偶然的，战国后期游说之士穿梭于六国之间，也正是当时动荡的社会局面所决定的。苏秦所倡导的合纵，其目的在于联合许多弱国抵抗一个强国，以防止强国的兼并。合纵、连横的斗争适应了战国形势发展的需要，对各国政治产生了很大的影响，其历史作用亦不可忽视。苏秦就是在这样复杂的历史背景下脱颖而出，从一个贫寒的布衣变成了翻手为云、覆手为雨的佩六国相印的显赫人物。

## 四、引火烧身的赵王

秦昭王对公子他说：『早先五国进攻函谷关那一仗，韩国充当主力，和各诸侯合兵攻打秦国。韩国与秦国边境互相接壤，地盘方圆超不过千里，又反复无常，不能结成盟国。原先秦国与楚国在蓝田激战，韩国派出精锐部队帮助秦国，但是当秦国处于不利的态势时，韩国却反过去帮助楚国，根本不坚守盟约的信义，只追求眼前的利益。韩国对于我们秦国来说确实是心腹大患。我想要讨伐他们，你认为怎么样？』

公子他说：『大王出兵进攻韩国，韩国肯定惊恐万分，他们一旦害怕我们，不用战斗就可以割取大片土地。』

昭王说：『妙极了！』于是出动军队，一支军队逼近荥阳，另一支逼近太行。

韩国害怕秦军，就派阳城君前往秦国谢罪，请求献上韩国上党郡的土地作为讲和的条件，然后又派韩阳去告诉上党郡守靳蹱说：『秦国出动两支军队兵临韩境，韩国没有办法保全了。现在大王一面命令韩国出兵抵挡，一面割让上党给秦国以讲和，派我来通知太守您，希望您遵从大王的命令。』

靳蹱说：『我曾听人说过，「只会拿瓶子汲水这样一点智慧的人，也知道保全自己的器物。」大王本来有出兵抵御的命令而我又是郡守，即使大王和您都会猜疑于我，我还是请求出动这里全部的守备部队以抵抗秦国，如果不能坚守到底，我就为国战死好了。』

韩阳马上回去把这事汇报给桓惠王，桓惠王说：『我早先已经答应秦应侯范睢了！现在如果再不给，就是欺骗他了。』于是派冯亭接替靳蹱上党郡守的职务。

冯亭坚守了三十天，就暗中派人去请求赵孝成王，说：『韩国没有办法守住上党，马上要把它献给秦国，上党的老百姓都不想成为秦国的臣民，而愿意做赵国的臣属。现在上党郡有城镇市邑十七个，愿意拜献给大王您，听从大王的裁决。』

赵王很高兴，召见平阳君赵豹，告诉他：『韩将不能够坚守上党，想要把它送给秦国，那地方的官员百姓都不想为秦所有，他们都愿意成为赵国的臣民。现在冯亭派遣使者把上党送给了我，你看怎么样？』

赵豹回答道：『我听说圣明的君主会把无缘无故得到利益看作最大的祸患。』

赵王问：『他们是羡慕我的仁义，怎么能说是无缘无故呢？』

赵豹答道：『秦国逐渐蚕食韩国的领土，把上党和韩国其他地方隔断并且不让两地互相通问救援，所以他们一直认为可以坐得韩国上党之地。况且那韩国之所以把上党纳献给赵国，是想把祸患转嫁到赵国身上呀！秦国付出了辛劳但赵国得到了实际利益，即便是强大的国家也不可能从弱小国家那里取得这样的利益，难道说弱小的赵国竟能从强大的秦国那里得到它吗？如果现在大王您取得上党，能说是有缘有故吗？何况秦国用牛耕种田地，利用渭水漕运军粮，他们军队中的士兵得到的都是最肥沃的土地，法令严格，政教施行，我们确实不便与他们打仗，大王您自己再好好考虑一下吧！』

赵王大怒道：『动用上百万的军队进行战斗，终年累岁，还未必能得到一个城镇。现在不用一兵一卒就可以取得十七个城镇，为什么不干？』赵豹见赵王不听他的劝告，只好默默地退了出去。

赵王又召见平原君赵胜和赵禹，告诉他们这件事，说：『韩国无法守卫上党，现在上党郡守把它送给了我，有城镇市邑十七个。』

两人都说：『动用军队打仗已超过一年了，还没有取得一座城池，现在可以坐得十七城，这是莫大的利益。』赵王就派赵胜前去接收土地。

赵胜到了上党，对冯亭说：『我们小国的国王，派我赵胜作为接收的使节。贵太守有告于赵王，赵王派我来对你说：「请用有三万户人家的大城市作为太守的封邑，县令封食一千户，其他所有官员都加爵三级，民众能互相聚集安居的，每户赏赐六金。」』

冯亭流着泪说：『这样的话，我就处于三重的不道德之中了。为国君守卫国土，不能以死相拼，以至把它献给别人，这是第一重不道德；国君要献给秦国，我没有服从君主的成命，这是第二重不道德；出卖了国君的疆土自己反而得到封邑，这是第三重的不道德。』

冯亭推辞掉赵国的封赏之后，回到了韩国，对韩王说：『赵国听说韩国不能保住上党，如今已经出兵攻占了上党。』

韩国派人报告秦国：『赵国动用军队占领了上党。』

秦昭王大怒，命令白起、王龁率领秦军攻赵，与赵军相遇于长平。秦赵长平大战，赵国任用只会夸夸其谈、纸上谈兵的赵括为将，两军交锋之后，赵括战死，赵国军队溃不成军，秦将白起坑杀赵卒四十万众，赵国的实力受到了根本的打击，从此一蹶不振。

【品读】

韩国面对咄咄逼人的秦国，实行了移花接木的办法，把上党之地这块烫手的山芋送给了赵国。赵王贪图小利，不听劝告，一意孤行，忘记了『天下没有白来的好处』这一最基本的常识。结果，赵国为了对上党短暂的占有，却付出了巨大的代价，赵与秦长平一战几乎损失了赵国所有的军事力量，加速了赵国的灭亡。

由此可见，作为一国之君，要时刻保持清醒的头脑，不要利令智昏，否则，就要为自己错误的决定付出惨重的代价。

## 五、张仪说动赵王

张仪替秦国奔走谋求连横，他游说赵王说：『敝国君主秦王，派遣我作为使节冒昧地向大王您献上国书：大王您联合并统领各诸侯国共同摒弃秦国，致使秦国军队不敢东出函谷关已长达十五年了，大王的威令也得以在天下通行无阻。敝国因为恐惧大王，不敢有大举动，只好修缮兵器，整饰战车乘骑，练习骑射，致力于农耕以积储粮食，居守于国境之内，小心谨慎，不敢轻易行动，只恐怕大王您会加意责备敝国的过失。

『如今，秦国凭借大王您的力量，向西攻取了巴、蜀两地，吞并了汉中；往东灭亡了两周，西迁九鼎于秦国，据守白马渡口。秦国虽然地域偏僻遥远，但是内心怀有愤怒与怨恨的时间已经很长了。现在我国的君主有一支装备很差的军队正驻扎在渑池，希望能北渡黄河，逾越漳水，占据番吾，迎战赵国军队于邯郸城下。更希望双方能在甲子这一天进行决战，以再现周武王甲子日灭亡殷纣的故事。秦王很恭敬地派我为使节先行来通告大王陛下。

『大概大王您之所以相信并热衷于合纵，是依据苏秦的策划。苏秦靠合纵迷惑诸侯，颠倒是非，阴谋用反间计颠覆齐国，但是没能得逞，白白导致自己被齐国用车裂之刑处死于市。天下诸侯不可能结成同盟的道理是明摆着的。目前，楚国和秦国结成了兄弟邦国，韩、魏两国都以秦国东边的藩属自居，齐国向秦国献出了盛产鱼、盐的领地，这等于是斩断了赵国的右臂。斩断了右臂还要主动与人争斗，失去了同盟就会孤立无援，想要没有危险，难道是可以办得到的吗？现在秦国已派出了三路大军：一支军队堵塞午道，派使者通知齐国，让其出动军队渡过清河，驻扎在邯郸以东；一支军队驻扎在成皋，催促韩、魏两国出兵驻扎在河外；一支军队驻守渑池。四国订立盟约：「四国联合共同进攻赵国，攻破赵国后四国平分赵国领土。」因此，我不敢私自隐瞒情况，事先汇报给大王您听：我觉得还不如和秦王在渑池会晤，亲自谈判订立同盟。我请求秦王暂时停止进攻，希望大王能果断地裁决。』

赵王说：『先王在世时，奉阳君为相国，专断国政，蒙蔽先王，一个人把握国家大事。我深居内宫，又有太师、太傅管教，没有机会参理国家政事。先王弃群臣去世后，我尚年幼，掌理国政的时间也短，内心本来就有所怀疑，认为诸侯合纵对抗秦国，对国家的长治久安不利。所以正在考虑改变原来的策略，割地给秦国以赔情道歉，重新侍奉秦国，刚刚准备驾好车辆赶紧出发，就正好听到了您圣明的教诲。』

于是赵王以三百辆车为随从，去渑池拜见秦王，割让河间的土地给秦国。

【品读】

张仪仅凭三寸不烂之舌，就说动了赵王前去拜见秦王，并且割让河间一带的土地归秦所有。我们观察张仪的态度是先抑后扬，表面上使用谦卑的词句但是话语中却暗藏杀机，步步为营，最后迫使赵王就范。张仪游说赵王，可以说是纵横家成功游说的典型范例。

## 六、安平君与马服君论用兵

相国安平君田单与马服君赵奢交谈，他说：『我并不是不喜欢将军您的用兵策略，我不敬服的只是将军动用兵士太多这一点。您征发太多，就会影响百姓的农事活动，粮食也要从别国买入，远距离输送，不能保证军队供应，这是不攻自破、坐以待毙的办法呀！我不会这样做。我听说过，上古帝王如有战事，所使用的兵员不超过三万人，便会使天下归服。如今将军您每次一定要凭借十万乃至二十万的大量兵员才能作战，这就是我不敬服您的原因。』

马服君赵奢不紧不慢地说：『看来您不仅仅是不通晓军事谋略，您连如今的时势都不了解啊。那吴国的干将剑，是天下有名的宝剑，如果用他来对付肉体，可以宰杀牲畜，用它来对付金属，可以砍断青铜器物。但是，如果把它贴在柱子上击打，宝剑就会断为三截；放在石砧上击打，就会碎成百片。现在，用三万兵力去对付强国的军队，无疑是「击柱」「击石」的行为。况且那吴国的干将之剑虽然锋利，更难得的是如果剑脊不能足够厚，剑尖就无法刺入；剑面不能足够薄，剑刃就无法断物。可是即使具备这两个特性，如果没有剑环、剑刃、剑珥、佩带的配合作用，就只好手持剑刃去搏击了；如果是这样的话，剑还没有刺入敌人的身体，自己的手指就先被宝剑割断了！

『您如果不拥有十几、二十万的兵力作为像剑环、剑珥这样的附属部分，只想凭借三万名精兵横行于天下，怎么能做得到呢？何况古代的天下分成很多个诸侯国。城邑最大的也只不过方圆三百丈罢了，人口最多的也只不过拥有三千多户人家。在那种形势下，用训练有素的三万军队去对付那些国家，又有什么难处呢？如今，古代众多的诸侯国已合并成为战国七雄，它们可以召集数十万兵力，打旷日持久的消耗战，如果这样的战争持续几个年头，就会出现你们齐国被燕国攻破的情景。齐国动员二十万兵力攻楚，战争持续了五年之久；赵国出动二十万兵力去灭中山，整整打了五年才告成功。假如说，现在齐、韩两国势力相当，又相互围攻，有谁敢对我夸口，说他能用三万兵力去援救这两国呢？如今，方圆千丈的大城、户口上万的大邑到处都是。如果要求用三万兵力去包围方圆千丈的大城，恐怕连城的一个角都围不住，至于用野战的方法那就更加不够了。您能拿这点兵力去干什么呢？』

田单听罢，深深地叹了一口气，说：『我确实比不上您高明呀！』

【品读】

以上这段故事出自《战国策》，齐国的田单不喜欢赵奢的用兵方法，两个人就用兵的多与少，展开了一场精彩的论辩。田单希望以少用兵节约国力的观点来说服赵奢，但是赵奢通过向田单分析战国后期，诸侯国之间经过长期的兼并，国家的形势已经发生了很大的变化，城邑的扩大和人口的增加，使得目前的战争必须投入更多的兵力来说服田单。马服君的观点最终被田单所接受，两位军事家的精彩对白，说明战争在任何时候都要从现实出发，一切用兵之法必须服从于事物发展的必然规律。

## 七、秦国与赵国讨价还价

秦军在长平进攻赵军，并歼灭了它，便收兵回到秦国。秦国趁着胜利的机会，派人向赵国索取六座城池，作为讲和的条件，但是赵国国君一时还没有打定主意。

楼缓不久前才从秦国回到赵国。赵王就与楼缓商量这件事，赵王问他：『割城给秦国，还是不割城给他们，到底哪个更有利呢？』

楼缓假意推辞说：『这件事情，我不便发表意见。』

赵王说：『事理虽然是这样，但您还是可以谈谈自己的看法。』

楼缓就说：『大王您可能也听说过公甫文伯的母亲这个人吧，公甫文伯在鲁国做官，因病而死，家中的妇女为他自杀殉情的多达十六人。他母亲听说后，就不肯哀哭。管家说，「哪里有儿子死了，母亲不悲痛哭泣的呢？」他母亲说：「孔子，是鲁国的贤人，可是孔子被逐出鲁国时，公甫文伯却没有跟随他。如今，他死了，倒有十六个女人为他殉情。像这样的人，是对贤人看得轻，而对女人看得重的人。」这些话，如果从母亲的角度说出来就是一位贤明的母亲，可如果以女人的身份讲出来，那就不免是一位妒忌的女人了。所以，同样一句话，从不同人口里说出来，表现的内心世界也就不同。

『现在我刚从秦国来到赵国，如果说不要割城给秦，那显然不是好主意；如果说割城给秦国吧，又担心大王您会认为我是替秦国着想，因此不敢回答您的问题。如果真的让我替大王您谋划的话，不如割城给秦国。』

赵王说：『好吧。』

虞卿听说了这件事，就去谒见赵王，赵王把楼缓说的话告诉了虞卿。虞卿说：『这完全是一派胡言！』

赵王问道：『怎么讲？』

虞卿反问道：『秦国这次进攻赵国，是因为疲惫不堪的原因撤的军，还是尚有力量进攻，因为爱护大王您才停止进攻的呢？』

赵王回答说：『秦国进攻我国，总是不留哪怕一点点力气的。这次一定是他们因为疲惫才收兵回去的。』

虞卿说：『秦国以最大的力量进攻，尚且无法夺取赵国的地方，最后因为疲惫不堪而收兵。大王您又要把因为秦国力所不及夺走的城邑奉送给秦国，这无疑是帮助秦国攻打自身啊！如果明年秦国再来进攻赵国，大王您又拿什么地方来挽救赵国呢？』

赵王又把虞卿的话告诉了楼缓，楼缓说：『虞卿能够全面掌握秦国进攻的能力所能达到的地步吗？如果确实知道秦国的力量不足以夺取赵国的土地，那么弹丸大的地盘也不能送给秦国。假如明年秦国再来进攻，大王您能说不割让赵国的腹地给秦国，难道还指望再跟秦国讲和吗？』

赵王就问：『如果听了你的话，割让城邑给秦国，你能保证秦国明年一定不会进攻赵国吗？』

楼缓回答：『这个我不能打保票。从前，三晋都与秦国交好，互相友善相处。如今秦国放过韩、魏两国，只进攻大王您，一定是因为您侍奉秦国的程度不如韩、魏两国啊。现在，我为您着想，调解平息这场因为赵国违背盟约而引起的攻伐，以便让秦、赵两国开放关禁，互相通商，友好往来，使赵国侍奉秦国的程度能赶上韩、魏两国。如果到明年，大王您还不能取信于秦国的话，说明您侍奉秦国仍然落到了韩、魏两国的后面。这就是我不敢打保票的原因啊！』

赵王又把楼缓的主意告诉了虞卿，虞卿说：『楼缓说：如果不与秦国讲和，明年秦国再来进攻，能不把腹地城邑割给秦国然后讲和吗？」如果现在与秦国讲和，楼缓又不能保证秦国明年不来进攻赵国，那么即使割了城邑，又会有什么好处呢？明年秦国又来进攻，再割让以他们的力量不能夺取的土地去讲和，这是自取灭亡的办法呀！最好是不要与秦讲和。秦国军队虽然擅长攻坚，可未必能攻下六个城邑；赵国防守力量有限，也不至于把六个城邑全部失去。秦国久攻不下，就会疲惫不堪，收兵回撤，我们以五个城邑的地方就可以联合诸侯共同攻击疲惫的秦国，这是我们即便送五个城邑给诸侯，却可以从秦国得到补偿的好办法。我国可以得到最大的利益，这与割地削弱自身而使秦国强大的办法相比，哪个更好呢？

『现在楼缓却说「秦国之所以与韩、魏友善却又进犯赵国，一定是大王您侍奉秦国的程度不如韩、魏」。这分明是要让大王每年以六个城邑去贡奉秦国。这样做的结果，必然是眼睁睁地看着赵国把土地全部割完。明年秦国再来要求割地，大王您是给还是不给？不给吧，就会前功尽弃，反而惹来秦国这股祸患；给了吧，我们就没有土地可以自存了。常言道：「强国擅长进攻，而弱国却不能自己保护自己。」如今静坐听命于秦，秦兵不经劳苦就可以得到许多土地，这是使秦国强大赵国削弱的做法。割让越来越衰弱的赵国的土地去补充越来越强大的秦国，我想这样的割让是没有止境的。况且秦国是像虎狼一样的国家，不讲究礼义，他们对土地的要求无法满足，但大王您的土地却是有限的，如果用有限的土地，去满足没有办法满足的要求，进一步发展的趋势就是赵国必然灭亡！所以我才说：「楼缓的话是花言巧语，一派胡言。」大王您千万不能割地给秦国。』

赵王说：『好吧。』

楼缓听说这件事后，去晋见赵王，赵王再次把虞卿说的话讲给楼缓听。

楼缓说：『事情不是这样的！虞卿只知其一，而不知其二。秦国与赵国结怨攻伐，其他诸侯国为什么会那样高兴呢？他们都说：「我们将要依附强国进攻弱者。」现在赵国军队被秦军击溃，诸侯们祝贺战争胜利的使节一定云集在秦国。所以不如快点割地给秦国要求讲和，即使诸侯们迷惑不解，也会取得秦国的欢心。不这样做，诸侯会趁秦国愤怒与赵国新败的机会，起兵瓜分赵国，赵国自己都面临灭亡，还怎能图谋攻击秦国呢？大王您就按我这个想法决断吧，不要再与别人商量了！』

虞卿听说后，又去谒见赵王，说：『赵国危险了！楼缓这家伙是在为秦国服务。赵国军队被秦军击败，又要割地给秦以求媾和，这只能使诸侯对我国产生怀疑，又怎么能求得秦国的欢心呢？这难道不是在诸侯面前大肆张扬赵国的虚弱吗，况且我说不要割地给秦，也不是只要求不割地而已。秦国向大王索取六个城邑，大王可以用五个城邑贿赂齐国。齐国是秦国的死对头，得到大王的五个城邑，然后两国合力共同西进攻秦，齐国一定会听从大王。这样，大王您一举可以使赵、齐、秦三国结好媾和，赵国与秦国的处境也完全变换了！』

赵王连声称赞：『妙计』。于是，派虞卿为使节去齐国拜见齐王，共同策划攻秦事宜。

还没等虞卿返回赵国，秦国已经派出了要求媾和的使节来到了赵国，主动与赵国讲和，因为秦国已经感到了赵国和齐国联合起来的力量不可小视。

楼缓听说了这个消息之后，马上逃出了赵国。

【品读】

俗话说，『堡垒最容易从内部攻破』。在赵国对待秦国的态度问题上，楼缓就是赵国的蛀虫。就在赵国刚刚与秦国交战之后，赵王对自己对待秦国的态度举棋不定的时候，他向身边的大臣争取意见，他询问的对象是楼缓，此人是一贯善于出卖赵国利益的，他积极鼓动赵王向秦国割地，而实际上就是要把赵国推上一条灭亡的不归路。就在这关键时刻，虞卿力劝赵王不可用这种自杀式的方式割地，如果真的按照楼缓所说，不断地割地来取悦于秦国，赵国很快就会亡国，虞卿对这场战争中的各方实力进行了客观的分析，然后出使齐国，用五座城池的代价去换取齐国的帮助，他的这一做法果然奏效，这个故事突出了楼缓的小人嘴脸和虞卿的大智大勇。

## 八、纵横家的浑水摸鱼之计

齐国准备进攻宋国，秦国派起贾前去阻止。齐国不顾秦国的反对，联合赵国共同进攻宋国。

秦王听说了这件事情之后很生气，把全部的愤恨都集中在赵国身上。但赵国也不是好惹的，赵相李兑联合山东五国共同攻秦，结果攻秦没有什么结果，于是，李兑让其他诸侯国的军队留驻成皋，自己却偷偷地与秦国讲和，同时又想和秦国联合攻击魏国，一方面解除秦国对赵国的怨恨，另一方面可以为自己取得封地。

魏王知道了这件事之后很不高兴，有人就去齐国游说，他对齐王说：『我替大王您对魏王说：三晋都面临秦国的威胁，这次联合攻秦，是因为赵国的缘故。如果用五国的军队去进攻赵国，赵国肯定会灭亡。如果听任秦国去攻击赵国，李兑必然会被杀掉。所以，这次伐秦行动，实际上是救了李兑的性命。可如今，赵国却把诸侯联军留驻在成皋，自己偷偷摸摸地去与秦国媾和，并且业已订立了和约，想和秦国一道进攻魏国，以便为李兑夺取封地，这么一来，大王尊崇赵国究竟得到了什么好处呢？

『何况大王您曾经亲自北渡漳水去邯郸拜访赵王。让魏国环抱阴、成，背靠葛、薛，从而成为赵国的屏障，可赵国却一点不替大王着想。如今，魏国又把河阳、姑密两地分封给李兑的儿子，可李兑却要勾结秦国进攻大王，想乘机夺取阴地。大凡是人，只有通过对比才能区分好坏，假使大王用尊奉赵国一半的气力去结交齐国，又有哪个诸侯国胆敢图谋大王您呢？

『大王您如尊奉齐国，既不受亲自入朝的屈辱，又不必割让土地。齐国因为大王的缘故，不顾燕、赵的威胁，出动全部兵力，在两千里以外的地方作战，不管是攻城，还是野战，齐国军队总是冲锋在前，夺取的城邑地盘也全部贡献给大王。从此以后，但凡秦兵攻击魏国，齐国没有一次不是赶快越过边境前来救援的。请问大王您用来报答齐国的做法又如何呢？韩呡在赵国，距离齐国有三千里，大王却因为韩呡的缘故怀疑齐国，竟然说：『齐国有秦国的奸细。』可现在大王却任命齐国的薛公孟尝君为相国，与亲秦的赵将韩徐交往密切，把虞商奉为嘉宾，大王您怎么可以反过来怀疑齐国呢？」

「魏王听了这番话会感到自己很理屈，所以很想顺从侍奉大王，我希望能从大王口中听到这样的话，魏王既然如此，我就不再计较过去的恩怨了。我请求替大王把秦国怨恨魏国转为怨恨赵国。希望大王能暗中与赵国交好，但别让秦国察觉，如若秦国察觉，它也会与赵国友好。齐、秦两国都交好于赵，我预见到燕、韩、魏三国也会交好于赵国，同时他们也不敢与赵国对抗。这样，五国共同侍奉赵国，赵国又与秦国结成联盟，赵国的地位一定会居于齐国之上。所以，我希望大王能挑拨天下诸侯互相冲突，然后您再居中调解，大王派我去挑拨韩、魏、燕共同威胁赵国，再派公子丹去调解；借赵国威胁韩、魏，我去调解；用三晋威胁秦国，派公子顺去调解；联合天下诸侯共同威胁楚国，让韩呡去调解。那么，各诸侯国迫于秦国的压力，都会侍奉大王，互相之间不敢私自结盟。等到邦交已定，大王就可以有所选择了。」

【品读】

在战国时期，活跃在政治舞台上的纵横家，他们的目的就是利用诸侯国之间的相互猜忌和矛盾，把水搅浑，然后从中渔利。在赵国联合了山东五国浩浩荡荡地进攻秦国的时候，这个发动者却暗中联合秦国准备侵夺魏国的土地。这个没有在历史上留下名字的游说之士，就是看准了这个机会，利用了魏国和赵国的矛盾，并以此为契机，游说齐王，然后挑拨各个国家之间的关系，进而达到从中获利的结果。

## 九、苏秦用宋国作诱饵游说李兑

齐国准备攻打宋国，但秦、楚两国都不同意，所以，齐国只好跟赵国联合行动，但赵国也不肯跟齐国一起干。齐王为了拉拢赵国的执政李兑，就叫苏秦去游说李兑，并许愿说攻占宋国，是为了给李兑夺取封地。

苏秦对齐王说：『我之所以主张巩固三晋联盟来进攻秦国，并不是要为齐国夺得利益，或者要损害秦国，主要的目的就是想乘机攻占宋国。但是宋国却把太子立为国君，宋国老百姓都拥护爱戴新君，所以防守坚固，于是，我希望您快点撤兵，使士卒、民众得以休养。现在宋太子出逃，凡是拥护太子的人，都想用性命来报答太子，这个时候，再去进攻宋国，它们国内就会出现动乱，而此时受百姓拥戴的太子又在国外，所以这是一举占宋的大好时机呀！

『我替您去让公孙衍游说奉阳君，会对他说：「您的年纪已经大了呀！封地不能不趁早确定了。替您打算，封地没有比宋更好的地方了，其他诸侯国都不成。那秦国人太贪婪；韩、魏因靠近秦国十分危险；燕、楚又太僻远；至于中山的土地，非常贫瘠，没有比定陶更好的地方了。丢掉今天这个机会，就不可能再次得到了！宋国罪孽深重，齐国愤怒之极，讨伐昏乱的宋国，得到齐国的欢心，为自己夺取封地，这是一个千载难逢的机遇。」

『从奉阳君非常贪婪这一性格来说，只有得到较大的封地，才会对齐国没有二心。我希望您能出动军队大举攻宋，不必等待赵军来临或者怕耽误了农时。要看到奉阳君李兑答应你，要用定陶诱惑，与燕国联合，共同威胁赵国，我等着将封地给他就是了，因为攻宋之事一定成功。我还希望大王有一块地许给燕国的襄成君以助我成功。您如果真的攻破了宋国，这两块地方，又有什么舍不得呢，如果您不能攻破宋国，赵国作为同盟国又怎能期望得到封地呢？您如果把这两个地方用来助我游说，我就会使燕国顺从，赵国坐山观虎斗，那么就可以轻轻松松地击破宋国进而号令天下了。』

【品读】

苏秦为齐王谋划的攻宋之计，就是把宋国当成一块任意宰割的肥肉，然后利用李兑贪婪的性格，用他已经年迈却没有确定封地这一事实来打动他，游说他成为齐国伐宋的同谋。然后，还以宋国的土地为诱饵，拉拢燕国袖手旁观。从而达到全面侵占宋国的目的。齐国抛出的诱饵，并未损害他自己的利益，而是把宋国的土地拿来任意宰割。由此可见，苏秦帮助齐王做出的这个决定，建立在损害别国利益的基础上，没有任何的正义可言。我们通过苏秦的这一番话，可以看到，在礼崩乐坏的战国时期，崇尚的只有武力和权谋，所谓正义已经被彻底抛弃。

## 一〇、范座自救

虞卿问赵王：『按照人之常情来说，是喜欢别人来朝见自己，还是喜欢自己去朝拜别人呢？』

赵王回答：『人们都喜欢让别人来朝见自己，怎么能喜欢去朝拜别人呢？』

虞卿就说：『魏国主持诸侯合纵，是范座一手促成的。如今大王可以用方圆百里的土地，或者是一万户人家的大城邑作为交换条件，让魏国杀掉范座。只要范座一死，主持合纵事务的权力就会落到赵国手中。』

赵王听了连声说：『妙计，妙计。』然后就派人以方圆百里的土地作为交换条件，请求魏国杀掉范座。魏王贪图得到赵国的土地，满口答应了赵国的要求，让司徒抓捕了范座，但没有马上杀死范座。

范座知道自己无辜被冤枉，是赵国向魏王许诺了献给魏国方圆百里的土地为条件的。于是，他在监狱中向魏王献书说：『我听说赵王用方圆百里的土地为条件要求杀掉我。杀死没有罪过的我，是一件微不足道的事情；可是取得方圆百里的土地，却是巨大的利益。我私下里也为大王您感到自豪，即便如此，但是还有一点值得考虑：假使大王得不到百里之地，可我被杀死后又不能复活，那么您肯定会被诸侯们耻笑。所以我以为最稳妥的办法是，与其用死人交换，还不如拿活人去交换。』

此后，他又赠书给继他之后任魏相的信陵君，说：『赵国是和魏国相匹敌的强国，可是赵王却用一封小小的书信，就让魏王轻易地为赵国杀死没有罪过的我。我虽然没有什么出息，但也是魏国的前任相国，曾经因为维护魏国的利益，得罪了赵国。国内如果没有得力的大臣，即使取得土地，也没有能力保卫它。如今能保护魏国的大臣，也只有您一人了。如果大王听从赵国挑拨，杀死我之后，强大的秦国再沿袭赵国得以满足欲望的办法，向魏国索取比赵国割让的土地多一倍的领土，您将用什么办法来阻止它呢？这将是您的大麻烦呀！』

信陵君看罢这封信说：『有道理。』然后急忙向魏王替范座求情、说好话，终于让魏王改变了主意，放了范座一马。

【品读】

作为魏相，范座曾经为魏国的强盛做出了很大的贡献，但是，赵国为了除掉范座，不惜以方圆百里的土地来诱惑魏王，杀掉自己的得力属下。魏王利令智昏竟然做出了自毁长城的决定，准备杀掉自己的肱股之臣。这个决定的本身就表现出魏王的愚蠢和贪婪，鬼谷子认为，如果做出的决定，对一方有利，而对另一方有害的话，这个决定一定是错误的。

范座在这危机的关头，上书给魏王，为了不惹怒魏王，范座的做法是首先承认魏王的正确性，说明如果能够用自己的性命为国家换取土地，是一件非常值得高兴的事情，然后再顺着这个思路，提出一点异议，如果魏国杀了自己的相国，却得不到土地，一定会受到诸侯的耻笑。范座所提出的问题，一定也是魏王所关心的，所以范座自救的第一步就是动摇了魏王要杀了自己去换土地的决心。然后再游说信陵君，信陵君作为他的继任，范座暗示他，如果各个国家纷纷以送给魏王土地的筹码来诛杀大臣的话，下一个遭殃的一定会是信陵君。范座的书信促使信陵君开始对自己命运进行思考，进而引发了他对范座的命运生出的同病相怜，然后由信陵君出面化解了这一场由赵国导演的杀人闹剧。

## 一一、买马何必要内行

有一名游说之士谒见赵孝成王，他问赵王说：『我听说大王您将要派人去买马，有这回事吗？』

赵王回答：『有这事。』

游说之士又问：『那为什么到现在还没有派人去呢？』

赵王说：『没有找到会相马的内行。』

游说之士就问：『大王为何不派建信君去呢？』

赵王答道：『建信君要处理国家大事，何况他又不懂得相马。』

游说之士又问：『大王为何不派纪姬去呢？』

赵王听了游说之士的话之后，哈哈大笑地回答说：『纪姬是女人家，她更不懂得相马了。』

游说之士继续发问：『如果买来的马匹特别强健，对国家有什么补益呢？』

赵王回答：『对国家没有补益。』

游说之士继续发问：『如果买来的马匹特别不强健，对国家有什么损害呢？』

赵王答道：『对国家并没有什么危害。』

游说士之就说：『这样说来，买来良马与坏马都是一个样的，既无补于国，又无危于国。可是大王要购买马匹，仍然要等待一个内行。如果是治理天下，就不一样了，任命官吏有失误，国家就会破亡成为废墟，社稷祖先都将得不到祭祀，可大王却不寻求内行，而是把国事交给建信君，这是什么原因呢？』

赵王没有理由回答。

游说之士进一步申述道：『郭偃之法有所谓「柔痈」的说法，大王您知道吗？』

赵王说：『我没有听说过。』

游说之士说：『所谓「柔痈」，泛指国君跟前的亲近佞幸之人，以及宠姬、优者、美女，等等，这些人，都可以趁国君酒酣耳热之际，向国君提出自己非分的要求。这些人如果在宫内得到国君的首肯，外面的大臣们就会为她们徇私枉法。所以说，太阳和月亮的光芒照亮了世界，可它们内部仍然有黑点。人们十分谨慎地防备自己憎恶的人，可祸患却往往发生在自己溺爱的人身上啊。』

【品读】

游说之士以赵王买马为借口，用买马的质量好坏是否对国家有损益为话题，层层递进，最后说出了不懂得治理国家之道却窃据高位的人对国家造成的损害，然后又指出宠姬、优者、美女会趁着国君酒酣耳热之际提出非分的要求，人们通常会对自己所憎恨的人有所提防，但是有一些灾祸却往往来自于自己身边备受信赖的人。他还用太阳和月亮的内部仍然存在黑点的比喻，来提醒国君要不断地修正自己的行为，以免对国家造成危害。这种由浅入深、层层递进的游说方法，在战国时代，多被游说之士所采用。

## 一二、谅毅为赵国打圆场

秦国进攻魏国，占领了宁邑，各诸侯国纷纷派使者前去祝贺。

赵惠文王也派使节去秦国祝贺，来回跑了三趟，仍然没有见到秦王，赵王十分担心，对左右大臣说：『以秦国的强大，又取得了宁邑，足以钳制齐、赵两国。各诸侯国都去祝贺，只有我国派去的使节没有得到秦王的接见，这表明秦国不想接受我们的祝贺，一定会进攻赵国。我们应该怎么办？』

大臣们说：『使者前后三趟都不被接见的原因，一定是我们派去的使者不称职。有个叫谅毅的人，是赵国有名的能言善辩之士，大王您可以派他去试试。』

这样，谅毅就接受了赵王的任命，出使秦国。谅毅到达秦国后，向秦王上书说：『大王您占领宁邑，扩展了疆土，各诸侯国都来祝贺。敝国的国君也为此而高兴，不敢安然无动于衷，派遣臣子向您献上礼物，前后三次都没能见到您。使者如果没有什么过失的话，我希望大王您不要中断秦、赵两国的友好关系。使者如有过失，希望大王能指出来。』

秦王派使者回答谅毅说：『我希望赵国的使者无论大小事情都要听从我的命令，只有这样，我才接受国书和礼物；如果不听从我的命令，就请使者回国去吧。』

谅毅又说：『我这次来到贵国，本来就想顺从贵国的旨意，怎么会拒绝您呢！大王如果有什么指令的话，我愿意接受并完成它，决不敢有半点犹豫。』

于是，秦王就接见了使者谅毅，对他说：『赵豹和平原君这两个人，好几次故意耍弄我，赵国如果能杀了这两个人，则秦、赵关系依旧；如果不杀掉他们，我就会率领各诸侯国的车队前往邯郸城下听命于赵王。』

谅毅说：『赵豹、平原君是敝国君主的嫡亲母弟，就像大王与叶阳君、泾阳君的关系一样。大王您以孝道治理国家的贤名远扬天下，只要有合体的衣服，美味的食物，从来没有忘记分给叶阳君和泾阳君的。叶阳君、泾阳君的穿着打扮、器物、车马，跟大王您没有任何差别。我听说过，如果倾覆鸟巢毁掉鸟卵，凤凰就不会飞临了；如果杀死母兽焚烧幼崽，麒麟也就不会再来。现在，我接受大王的命令还报敝君，敝君害怕大王的威严，不敢不按照大王的命令去做，如果是那样的话，岂不伤了华阳君、泾阳君的心吗？』

秦王说：『你说得有道理，但以后不能让他们再参与赵国政事。』

谅毅说：『敝国君主，对自己的弟弟没有严加教育，以至于损伤了与贵国的交情，我国会贬斥他们，不让他们再参与政事，以符合贵国的心愿。』

秦王听了这番话，才高兴了，于是接受了谅毅所献的礼品，并隆重地款待谅毅。

【品读】

秦国在占领了魏国的宁邑之后，一时之间气焰熏天，使得六国侧目，无人敢与之争锋。就在各个诸侯国纷纷派出使者唯恐巴结不上秦国的时候，赵国也派出使者向秦国送礼，结果赵国的热情却遭到了秦国的冷遇。赵国感到惶恐，唯恐强大的秦国与赵国翻脸，出兵攻伐。就在这危难之际，有人为赵王推荐了谅毅为使者，出使秦国。

谅毅来到秦国之后，等待他的仍然还是冷板凳，但是他以一切遵照秦王的命令为名目，得到了秦王的召见，这是谅毅胜利迈出的第一步。然后秦王提出了一个非常令人难以接受的条件，要求赵王杀掉自己的兄弟，并以如果不答应条件，就要率领诸侯国的各路人马，兵伐邯郸相威胁。面对咄咄逼人的秦王，谅毅用秦王爱惜自己的同胞手足的事情推己及人，最后秦王也不得不放弃了要求赵王自残手足的要求。在『弱国无外交』的前提之下，谅毅与秦王巧妙周旋，不仅保全了赵国不被攻伐，同时保全了平原君的性命，可谓智勇过人。

## 一三、苏代为信安君开脱

秦王召见魏相信安君，信安君不想去秦国，苏代替他游说秦王说：『我听说过：忠心的人不一定都是聪明人，而聪明人未必各个忠诚。现在我希望向大王陈述我浅陋的看法，可又担心大王的臣下会认为我不忠于大王，因而招致杀身之祸，希望大王能明察我的用心。

『如今大王派人去魏国代替信安君为相，以加强秦、魏两国的邦交，我却担心此举会加重秦、魏两国之间的猜疑。如果此举是想杜绝魏国与赵国的往来，我又担心会更进一步加强赵、魏之间的联合。那魏王是十分宠爱信安君的呀！认为他是智能之士，所以待遇地位特别地尊崇！魏王畏惧、尊重秦国，这一点非常明确！现在，大王派到魏国去的人如若不被任用，那么您派人去就没有什么意义了；如若被任用，无疑是让魏王舍弃宠爱信用的人而任用自己畏惧的人，这会使魏王深感不安的。同时如果让信安君丢弃万乘强国的相位，也是难于办到的事情。让别国的君主处在不安的境地，让别国的相国干他难以办成的事情，用这个办法来加强两国之间的亲善关系，肯定不会维持多长时间的！所以，我担心秦、魏两国之间的猜疑会进一步加重啊。

『况且魏国信安君如果去职，赵国的谋臣们肯定说是因为秦国的缘故，秦国也肯定会让他们信任的人在赵国执政。这样赵国固然尚存，可魏国却失去了与秦国交往抗衡的这个筹码，赵国安全了，可魏国却面临危机。那么魏国的君主就会有与秦国决一死战的想法，民众也会坚定保卫国家的信念，所以我担心魏国和赵国的关系会愈发紧密。

『大王您想不想既加强与魏国的邦交，又让赵国小心侍奉您呢？最好的办法是让信安君在魏国执政并尊崇他的名号。信安君如果侍奉大王，魏国就很安全，他自己也十分尊贵；如果背叛了大王，魏国就将面临危险，他自己也会失去权位。这样一来，信安君侍奉大王，他既会为魏国的君主尽忠，也会看重自己的权位，同时还能竭力完善加强秦、魏两国的邦交。赵国的执政一定会说：「魏国的族望名声并不比赵国高，国土也不比赵国广大，信安君辅佐魏国以侍奉秦国，秦国对他很好，国家得以安定，自身也取得尊崇。可现在我们和秦国结怨，自己的军队成为挨打的靶子，国家处于被削夺的危险境地，这不是好办法。和外国结怨，致使国君深感忧患，国家面临困境，这不是好事情。」他们就会后悔早先和秦国结怨的过错，希望得到有利的结局，肯定会割地给秦国用来结交和侍奉大王，这样大王不费举手之劳就可以取得赵国割地这么大的利益，这是连尧、舜都梦寐以求却不能办到的事情呀！我希望大王能考虑考虑。』

【品读】

秦国准备换掉魏国的相国信安君，可是信安君并不想出使秦国。于是，苏代替信安君来到秦国说好话。苏代巧舌如簧，他的一番话明则为秦国打算，实际上是在为魏国的信安君开脱。他在秦国国君的面前为他勾勒出一番非常美好的景象：秦国善待魏国，并让信安君在魏国享有名声，赵国看到了一定会眼红，后悔自己先前没能与强大的秦国搞好关系。然后割地，向秦国求情，要求恢复正常的交往。苏代的本事就是把根本没有发生的事情，说得活灵活现，跟真的一样，贪婪的秦王也被这样一种空中楼阁般的远景所打动，最后放过了信安君，这一切都是苏代舌灿莲花的结果。

## 一四、芒卯说秦王

芒卯对秦王说：『大王您所任用的说士，没有在诸侯国任职并为大王通达意见的人。我听说圣明的君主不借助这样的人也能果断办事。大王您想从魏国得到的无非是长羊、王屋、洛林几个地方，您如果能推荐我担任魏国的司徒，我就有办法让魏国献出这几个地方给大王。』

秦王说：『好啊！』就推荐他担任了魏国的司徒。

芒卯对魏王说：『大王最为担心的莫过于西部领土；秦国想从魏国夺取的，无非是长羊、王屋、洛林几个地方，大王如若把它们割让给秦国，则西部领土就没有什么可担心的了。然后，借此机会请求秦国出兵向东进攻齐国，一定会开辟更大的疆土。』

魏王说：『好吧。』就把长羊等地割让给了秦国。

割让土地几个月后，秦国还没有出兵。魏王问芒卯：『土地已经割让了好几个月，可是秦国还不出兵，这是怎么回事？』

芒卯急忙谢罪说：『我犯了死罪，可是我一旦死了，就如同盟誓的信约毁了一样，大王没有向秦国讨债的依据了。请求大王赦免我的罪过，我去替大王向秦国提出要求。』

于是，芒卯去了秦国，对秦王说：『魏国之所以割让长羊、王屋、洛林等地给秦国，就是想以此为代价换得秦国出兵，共同进攻齐国。现在土地已经割让，但秦国却不肯出兵，我会被处死的，我死了固然无关紧要，可是从此以后关东各国的士人们又有谁会拿有利益的事来服侍大王呢？』

秦王脸色变得非常严肃，他说：『国内有重要的事情，所以没来得及出兵，现在我谨以秦国军队听从您的调遣。』

过了十天，秦国军队出动，芒卯同时率领秦、魏两国军队向东攻击齐国，开辟了二十二个县的土地。

【品读】

芒卯说动秦王，帮助他成为魏国的大臣，然后利用自己接近魏国的机会，说动魏王以魏国西部的几座城池作为交换的筹码，换秦国出兵伐齐。秦国得到了城池却不急着出兵，芒卯怕自己受到魏王的责难，则把自己说成是秦国接受了城池并同意出兵的人证。然后来到秦王的面前，又用魏国献城，如果秦国拒不出兵的话，会被天下人所耻笑为题，说动秦国终于发兵，最后，讨伐齐国，从齐国那里得到了巨大的好处。

献城、出兵，这些重大的决定看似是由魏王和秦王所决断，但实际上在背后操纵着他们行为的却是游说之士。游说之士利用自己的智谋，帮助国君做出重大的决断，这是中国战国时期非常特殊的历史现象。

## 一五、须贾巧舌解重围

秦军在华阳打败魏军，赶走了芒卯并趁胜包围了魏都大梁。

须贾替魏国去游说秦相穰侯魏冉，他说：『我听到魏国的大臣和王公贵族都劝说魏王道：「当年惠王讨伐赵国，在南梁打了胜仗，消灭了赵军十万人并攻破了赵都邯郸，赵国没有割让土地，邯郸也还给了赵国；齐国进攻燕国，杀掉燕国奸相子之，攻破燕旧都，燕国没有割让土地，都城还是被归还。赵国和燕国在遭遇大难的情况下之所以能保全国家，保持军队的强大，土地没有被诸侯们吞并，就是因为他们能忍受苦难，不轻易向别国割让土地。宋国和中山国则不论谁去进攻它，都割地，国家随后就灭亡了。我认为赵、燕两国可以效法，而宋、中山那样的事情却不能去做。

『那秦国是一个暴戾贪婪没有丝毫亲情的国家，通过长期蚕食，已经把魏国分得的原晋国故都的土地占光了，当年它战胜韩将暴鸢，要割取八县之地，韩国土地尚未完全献上，他的军队又一次出动了。秦国哪有满足的时候啊！现在它又击走芒卯，侵入北地，这不仅仅是进攻大梁，而且还想胁迫大王您多割地给它，大王千万不能听信他们。如果现在大王背着楚、赵两国和秦国媾和，楚、赵肯定会在盛怒之下与大王争着侍奉秦国，而秦国也一定接受它们。如果秦国借助楚、赵两国军队的帮助再次来进攻魏国，我国想要逃脱危亡就办不到了。希望大王千万别和秦国媾和，大王如果确实想媾和，一定要少割地并求得秦国太子作为人质，不这样做，秦国必定会背信弃义的。」这就是我从魏国听到的，希望您能把这些作为自己考虑问题的参考。

『《周书》上说：「天命不是永恒不变的。」这就是说侥幸的事情不可能一再发生。当年秦军战胜暴鸢割取八县的功绩，不完全是靠军队精良或计谋得当，幸运的成分占很大比例呀！如今又击走芒卯、侵入北地并围攻大梁，这等于是自认为天命是常在的，明智的人是不会这样想的。我听说魏国要调集全国各地的精兵前来戍守大梁，据我估计不会少于三十万，用这三十万兵力守卫十仞高的大梁城，我认为即使商汤、周武重生，也不会轻易攻破它。如果轻视楚、赵两国的援兵，兵临十仞之城，攻打三十万大军而且志在必得，我认为是从开天辟地以来从来就没有过的事。进攻大梁如果不能成功，秦国军队肯定会疲敝不堪，陶邑也会丢失。这样从前的功劳也一定会化为泡影的！

『现在，魏国还没有拿定主意，您可以少索取一些土地以笼络魏国。希望您能趁楚、赵的援兵还未到达大梁，尽快以少割地为条件与魏国讲和。魏国还没有拿定主意，因此少割地能讲和一定是他们求之不得的事。这样您也就可以满足自己的心愿了。楚、赵两国气愤魏国先于它们讲和，肯定会争相侍奉秦国，合纵联盟会因此离散，然后您就可以随便选择对付他们的办法。况且阁下您曾经割取过魏国占有的晋国故都一带的土地，为什么非要动用军队呢？不动用军队，魏国就可以献出绛、安邑两地，这分明是为陶邑开通了两条通道，并几乎全部占领了宋国的故土，卫国也献出尤惮。秦国的军队完好无缺并由您全权掌握，您有什么要求达不到呢？您干什么事情不会成功呢？我希望您能全面考察，千万不要干危险的事情。』

魏冉听罢，用力一击掌，说：『很好。』便下令撤出了对大梁的包围。

【品读】

在秦国的军队兵围魏国都城的时候，须贾仅凭三寸之舌，就为魏国解了围城之难，帮助秦国的相国做出了主动撤兵的决断。由此可见，任何一个决定的产生都不是偶然的，都是在一定的历史条件之下，需要有人为此推波助澜方能产生。

## 一六、昭忌巧化危难

秦军进攻韩国的管城，魏王出动军队前往救援。

昭忌劝阻魏王说：『秦国是个强国，韩、魏两国都与它接壤，它不出兵东征还罢，一旦出兵，不是攻打韩国，就是攻打魏国。如今幸好它攻击韩国，这是魏国的福分。大王如果援救韩国，结果肯定是秦兵解管城之围转而进攻大梁呀！』

魏王不听从他的话，说：『如果不去援助韩国，韩国一定会怨恨魏国，它就会和秦国联合，秦、韩一旦结为同盟，魏国就危险了。』于是前往救韩。

秦国军队果然放弃管城转而攻魏，魏王十分恐惧，对昭忌说：『没有采纳您的主意以致招来祸患，现在应该怎么办呢？』

昭忌就为魏王去求见秦王，他说：『我听说贤明的君主不怀私心，兼听各种意见然后参照行事。希望大王能听从我的劝告，不要进攻魏国。』

秦王问：『为什么呢？』

昭忌反问道：『山东各国的合纵联盟时合时分，是什么原因呢？』

秦王回答：『不清楚。』

昭忌回答说：『各国之所以结为联盟，是因为大王的攻击目标不确定；联盟解散是由于大王的攻击目标一定。这次进攻韩国的管城，韩国已十分危急，战争还没有结果就转而攻击大梁。要想促使各国组成反秦合纵联盟，没有比这样做更有效的了，因为它们认为秦国的要求自己不可能满足。所以替您考虑，不如先削弱赵国。秦国如若控制了赵国，燕国就不敢不来侍奉秦国，楚、齐两国又无法组成合纵战线，各诸侯国争相侍奉秦国，它们自身就会削弱。』

听了昭忌的话，秦王就停止了对魏国的攻击。

【品读】

魏王本想为韩国解围，没有想到却引火烧身。为了平息这场灾难，魏国派出了昭忌去游说秦王。游说之士把眼前的形势分析得头头是道，认为秦国出兵攻打魏国，就会促成各国形成联合抗秦的统一战线。最后帮助秦王下了撤兵的决心。可见在君王做出重要的决断时，游说之士所起的作用不容忽视。

## 一七、隔岸观火的秦国

楚军围攻韩雍氏城长达五个月之久。韩襄王派使者向秦国求救，使者车辆的冠盖相望于道，秦国的军队还是不出殽山一步。

韩国又派尚靳出使秦国，尚靳对秦昭王说：『韩国平时是秦国东面的屏障，经常随秦军作战。如今韩国万分危急，秦国却不派兵相救。我听过这样的话，「嘴唇张开了，牙齿就会感到寒冷」。希望大王能深思熟虑。』

宣太后对秦王说：『韩国派来的使者已经够多了，只有尚靳说的话有道理。』就把尚靳召入内宫。

宣太后对尚靳说：『当初我侍奉惠王的时候，大王把一条大腿压到我身上，我都会感到困乏，不能支持。可当他把全身都压在我身上时，我却不觉得重。这是什么原因呢？是由于这对我也有一定的好处。现在你要秦国帮助韩国，兵员不多、粮草不足的话，就不能够援救韩国。要拯救韩国的危难，将要每天消耗千金军费，贵国怎能不让我国也得到一些好处呢？』

尚靳回国向韩襄王做了汇报，韩王又派张翠出使秦国。张翠扬言自己有病，每天只走一个县份的路程。到秦国后，甘茂问他：『韩国很危险了吗？先生您居然带病出使。』

张翠说：『韩国还不危险，但马上就要危险了。』

甘茂说：『秦国是大国，秦王是聪明的君主，韩国危险与否我们全知道。现在您在这里却说不危险，这是怎么回事？』

张翠说：『韩国如若真的危险了，就会向楚国屈服投降。我怎么敢来秦国呢？』

甘茂说：『先生您不要再多说了。』

甘茂入宫，对秦王说：『公仲朋执掌韩国朝政，因为得到秦国军队的支持，才敢于和楚国对抗。现在楚军围攻雍氏而秦军不去相救，这是不把韩国当回事呀！公仲朋将不再入朝秦国，而公叔更会促使韩国与楚国联盟。楚、韩两国一旦结盟，魏国就不敢不听从它们，结果会是楚国用楚、韩、魏三国的力量图谋秦国。这样一来，三国联合进攻秦国的形势就形成了呀！坐等别人来进攻与去进攻别人，哪个更对秦国有好处呢？』

秦昭王说：『说得好。』于是就派军队援救韩国。

【品读】

楚国进攻韩国，秦国隔岸观火，就在韩国万分危急的情况下，韩国派出的向秦国求救的使者络绎不绝，结果，秦国一直都不为所动。最后，韩国派出尚靳，他用『唇亡齿寒』的比喻说动了宣太后，但是狡猾的秦国仍然在向韩国讨价：出兵消耗军费巨大，除非是能够从出兵援助韩国的行动中获得好处，在这里，秦国在暗示韩国，如果出兵援助，没有割地、献城等巨大的利益驱动，秦国是不肯出兵的。尚靳回到韩国，向韩王做了汇报之后，这一次派出的使者却是非同寻常，他用韩、楚结盟，吓住了贪婪的秦国，使得秦国乖乖派出军队，援助了韩国。由此可见，任何一种决断都不会是永恒的，它也会随着利益关系的变化而变化。

## 一八、我提心你吊胆

楚军围攻雍氏，韩国派冷向去向秦国借救兵，秦国为此事派公孙昧到了韩国。韩相公仲朋问他：『您认为秦国将会救助韩国呢，还是不救？』

公孙昧回答说：『秦王这样说：「我会经过南郑、蓝田一线去攻打楚国，同时出兵到三川准备救韩。」我想他可能不会与楚军交战，而会驻扎在南郑。』

公仲朋问：『那他是想干什么？』

公孙昧回答说：『秦王一定是仿效张仪原来的谋略——当年楚威王进攻魏国，张仪对秦惠王说：「和楚国一起进攻魏国，魏国就会屈服入朝于楚国。而韩国本来就是魏国的盟国，这样秦国就会孤立。所以还不如出兵以激励魏国的士气。」于是秦军就向皮氏进军。魏军士气大振，楚威王十分生气，楚、魏两国大战不已，而秦军却夺取了魏国的河外，然后回去了。这次他又扬言要援救韩国而私下里却和楚国交好。您凭借秦国这一后盾奋勇向前，一定会奋力与楚军决战，而楚国则知道秦国不帮助您，因之会很轻松地和您决战。如果您战胜了楚国，秦军就会和您一同打击楚军，然后用夺取的楚地换取韩国的三川。如果您战败了，他们就会阻塞三川并防守它，使您无法夺回三川。我十分反感这样做。司马康到楚都郢城跑了三趟。甘茂和昭献在边境上会谈，声言说：「取回了封赐昭献的印符。」可实际上两国之间仍然存在盟约。」

公仲朋听了很害怕，问：『那我应当怎么办呢？』

公孙昧说：『您一定要先考虑韩国的利益，后考虑秦国的许诺，先考虑韩国的安危，尽量排斥张仪式的诈谋。为您考虑，不如早点与齐国结盟，这样，楚、秦两国都会与您和好以防止遭到攻击。这样您不过是排斥了张仪式诈谋的发生而已，实际上并没有失去秦国这一盟友啊。』

【品读】

战国时期各个诸侯国之间的利益就如同一场纷乱的赌局，各国之间为了自己的利益，彼此结盟或者欺骗，相互攻伐，转眼又共同合作。因此，在战国时期，各个诸侯国之间，君王、大臣们对形势的判断，做出的决定，很大程度上依赖于游说之士的游说和分析。在这样的情况下，是游说之士在操纵着战国之间波诡云谲的复杂形势，推动了很多国家之间的联合、背叛、依靠或者反目成仇。在疑难的问题面前，在艰难的抉择面前，随处可以看到谋士的巨大作用。

## 一九、不要错怪了齐国

韩珉率齐军攻打宋国，秦昭王大怒，他说：『我喜欢宋国，就像喜欢新城、阳晋等地一样！韩珉和我国结交，却去攻打我喜欢的地方，这是什么道理？』

苏代替齐国游说秦王，他对秦王说：『韩珉之所以进攻宋国，是为大王您着想呀！像齐国那样的强国，如果再加上宋国的辅佐，楚、魏等国肯定十分惧怕，他们一定会前来侍奉秦国。这样，大王不费一兵一卒，不杀一人，就可以割取魏国的安邑呀，这就是韩珉为秦国所祈祷的。』

秦王说：『我一直担心齐国的反复无常，一会儿合纵，一会儿连横。您这又是什么说法呢？』

苏代回答说：『目前天下的形势迫使齐国不能反复。齐国本来已经进攻宋国了，它如果西面侍奉秦国，就是争取得到秦这一万乘强国的帮助；如不侍奉秦国，那么即使得到宋地也无法巩固。中原各地的那些说客们，都在处心积虑地准备离间秦、齐的同盟。驾着马车、牛车奔走于秦国的，没有一人说秦国应该与齐国友善；奔走于齐国的，没有一人说应该和秦国结交。都不想让秦、齐结盟的原因何在呢？是因为三晋和楚国明智，而秦、齐愚蠢。三晋与楚联合一定要图谋秦、齐两国；而齐、秦结盟则将要图谋三晋与楚。但愿您能参考这点，决定国事。』

秦王听了，频频点头说：『好吧。』

【品读】

齐国欲进攻宋国，引起了秦国的不安，秦王准备跟齐国翻脸，就在这个时候，苏代出使秦国，说服愤怒的秦王，准备与齐国合盟，一起来对付楚国和晋国。秦国听了苏代的建议之后，果然同意了这种说法，认为为了对付强大的晋国和楚国，有必要跟齐国搞好关系。面对这种『谁是我们的朋友，谁是我们的敌人』的选择题，苏代为秦王支招，帮助秦王做出决定，使得秦王不再向齐国找麻烦。

## 二〇、努力与强者做朋友

有人对韩王说：『韩昭侯是一代贤明的君主，申不害则是一代贤能之士。韩国与魏国是势力相当的国家，申不害却陪同韩昭侯以臣子的礼节朝见了魏国的君主，这并不是他们喜欢谦卑不愿尊贵，也不是他们考虑错了或是计划失误。申不害是这样考虑事情的，他说：「我们朝拜了魏国，魏国就会因此而意满志得，一定看不起其他诸侯国，这就会使魏国削弱。因为其他诸侯国一旦讨厌魏国，就一定来侍奉韩国。这样我们虽然在魏君一个人面前低下了头，但可以得到天下的尊崇。要削弱魏国的力量，提高韩国的地位，没有比朝见魏国更好的办法了。」韩昭侯采纳了申不害的建议并付诸实施，说明他是一个明君；而申不害考虑到这点后敢于直言提出，说明他是一个忠臣。现在的韩国比当时的韩国还要弱小，而如今的秦国却比当时的秦国更加强大。秦国的君主也有魏惠王那样的野心，可是大王和您的大臣们没有一个准备臣服秦国从而安定韩国的。我私下里认为大王您比不上韩昭侯贤明，而您的大臣们也没有申不害那样的忠诚。

『从前，秦穆公在韩原之战胜利后就称霸于西戎，晋文公在城濮之战胜利后即称霸中原，这都是通过一次大的胜利就树立威望、成就功名的先例。现在的秦国业已强大了几代人了，大的胜利有几十次，小的胜利有几百次，大胜之后它不称王，小胜之后它不称霸，没有在诸侯中树立自己的威信，也没有强行命令各个诸侯国。这样看来，它之所以一年四季攻战不已，并不全是想追求国君尊崇、国家称霸这一目的呀！

『古代的君王之所以攻战，有些是为了获得名声，有些是为了获得实利。追求名声的主要是让对手心悦诚服，追求实利的则主要是夺取土地和人民。早先，吴国进攻越国，越国大败，退守会稽山，吴国人进入越国后逐家逐户做安抚。越王句践派遣大夫文种向吴国求和，说愿意举国上下做吴国的奴隶，越王自己情愿被俘，带领侍从一同为吴王服役。吴王果然听信了文种的话，与越国议和但没有订立盟约，这是因为吴国是想让越国心悦诚服啊。以后越国又进攻吴国，吴国大败，也情愿举国上下做越国的奴隶，反过来用越国臣服自己的礼节去侍奉越国，越国人却没有答应。越王攻破了吴国并擒杀了吴王夫差，这是越国要占领吴国的土地、掳掠吴国民众的原因。现在您想要别国心悦诚服吗？就应该如同吴国一样；想要得到别国的土地与人民吗？就应当同越国一样。假使攻心不如吴国而夺取实利又不如越国，只是不管君臣上下、少长贵贱都把自己称作霸主，我私下里认为这就如同下到井中却对别人说：「我要替您找火。」

『东孟之会时，聂政、阳坚刺杀韩相同时刺死了韩哀侯。许异用脚踢懿侯，叫他装死，结果后来被立为韩国国君，韩国没有人不听从许异的号召，是因为许异首先倡议立懿侯为君。所以懿侯上台后，许异终身担任他的相国。韩国人尊重许异，就如同尊重懿侯一样。现在看来像韩懿侯那样受人尊敬是不可能了，但我们仍然可以像许异终身为相那样去尊敬别人，如果我不把这个道理说出来，那岂不是为人谋划错误的策略吗？

『从前，齐桓公曾九次与诸侯盟会，没有一次不是用周襄王的名义发出号令的，这样做固然是尊崇了周襄王，但桓公也因此而奠定了霸业。那九次盟会，各诸侯之所以尊崇齐桓公，就如同是尊崇周襄王。如今我们不可能像周襄王那样受人尊崇了，但我们仍然可以像齐桓公那样去尊崇别人，我如果不把这个道理说出来，那岂不是策略失误而且不知道怎样获得别人的尊崇了吗？

『韩国有数十万士民，都拥戴懿侯为国君，但是只有许异当上了相国，这除了他最先尊敬懿侯外没有其他原因；各诸侯国的君主们没有不替周王室服务的，可只有齐桓公建立了霸业，这除了他率先尊崇周襄王外没有其他原因。现在，强国马上就有称帝的机会，如果哪个诸侯率先尊崇服从，将会和桓公、许异相同了，难道这不是上好的策略吗？首先和强国结盟的好处在于：强国如能称帝于天下，那么我们就一定会成为霸主；如果强国不能称帝于天下，我们也可以避开他们的兵祸，让他们别首先进攻我们。这样一来，强国的事业成功了，我们就会因为帮助强国称帝而成为霸主；强国的事业不能成功，也会为此而深深地感激我们。如今和强国结盟，强国大事成功会对我们有好处，即使不成功也没有什么害处。所以说首先和强国结盟，是圣贤国君的谋略呀！』

【品读】

这是一段没有记录名字的游说之士对韩国国君的一番慷慨陈词，其核心内容就是说服韩国尊奉强大的秦国，在秦国的这棵大树下面乘凉，达到保全自己的目的。由此可见，当时韩国处在强邻的包围中，国君一定是在无法为自己的国家做出抉择的时候，这个游说之士的说辞推动了韩国亲近秦国的进程，用自己的判断帮助韩国的君主做出了选择。

## 二一、邻居就是盾牌

苏秦准备推行他的合纵主张，组织合纵联盟，抗击秦国，他北去燕国游说燕文侯。

苏秦对文侯说：『燕国东边有朝鲜与辽东，北方又有林胡和楼烦，西靠赵国的云中、九原，南方濒临呼沱河与易水。国土方圆两千多里，军队多达数十万。战车七百辆，战马六千匹，粮食储备可以支用十年。南方有碣石、雁门的丰饶物产，北方又盛产枣、栗等食物，百姓虽然不从田地中获取食物，但枣、栗等食品就足够他们消费了。这正是人们所说的天府之国呀！

『要说安享快乐、没有战争、不操心有军队被打败的危险，那是没有哪个国家可以超过燕国的了！大王您知道这其中的缘故吗？燕国之所以没有遭受侵略与兵祸，就是因为有赵国作为南方的屏障！秦、赵之间激战五次，秦国胜了两次而赵国胜了三次。秦、赵互相削弱，可大王却保全燕国在后方制约赵国，这就是燕国没有遭受战争灾祸的根本原因。何况秦国要进攻燕国，必须越过云中、九原、经代、上谷，步行几千里漫长的路程。即使占领燕国的城邑，秦国也知道自己守不住，所以秦国无法损害到燕国是明摆着的事实；如若赵国进攻燕国，即使连发令征发调拨军队的时间都算上，不到十天，几十万军队就会抵达东垣。然后北渡呼沱河与易水，不出四五天即可兵临燕都。』

看到文侯有些动心了，苏秦接着说：『所以说，秦国进攻燕国，是在千里之外作战；而赵国进攻燕国则只是在百里之内作战啊。假如不去担心赵国的进攻，反而重视千里之外的秦国，那就是最愚蠢的策略了。因为这个缘故，我希望大王能与赵国合纵友好，各诸侯国团结起来，燕国就没有什么可担心的了！』

燕文侯说：『我们燕国弱小，西边迫于强大的秦国，南边又与齐、赵两国接壤，齐、赵也是强国呀！这次有幸得到您的教诲，联合诸侯以保全燕国，我们燕国愿意服从于您。』于是资助苏秦车马、黄金、布帛，让他到赵国去。

【品读】

游说燕国，是苏秦作为纵横家生涯的第一步，说动燕国放弃与秦国的友好关系，转而与赵国修好。说动燕国，派苏秦出使赵国，然后又以赵国使者的身份去齐国。苏秦每一次游说，都帮助六国的君主生出对秦国的芥蒂，终于下了联合抗秦的决心，苏秦就像是一只勤勉的蜘蛛，游走于六国之间，用毕生的力量去编一张联合抗秦的军事联盟之网。

本章释评

本章所讲的重点是『决』，决是决断的意思，决断主要是针对各种有疑难的问题做出决策，阐述了当机立断的重要性，本章所讲的五种可以立即决断的事情，都在游说之士中被广为应用。

# 第十二章 符言①第十二

【阅读提示】

一、作为领导者，应该修炼自己，其中，安详、从容、正心、沉稳是其必须具备的素质。

二、兼听则明，如果仅仅固守片面之词，则会使自己的视野受到局限。

三、随意许诺则不威，轻易拒绝则会阻塞言路。

四、赏罚公正不仅能对下属的行为产生潜移默化的积极影响，而且更能恩泽四方。

五、处理事情不能感情用事，而是要根据客观规律来办，这样才会上下一心，提高整体素质。

安、徐[2]、正、静，其被节[3]无不肉。善与而不静，虚心平意[4]，以待倾损[5]。右主位[6]。

①符言：是指言语和事实像符契一般完全吻合，符是符契、符节。我国早在汉代就把有节的竹片加以中分，由两人各持一片，日后各拿这一片竹的人，只要把两片竹完全合在一起，连竹节都像原来那样吻合，那就证明是他本人或其代理人。到后来，改竹片而用木片或纸片等，并在上面加盖印记，而且是从印的中间切断分别使用。这种印叫『骑缝印』。还有人主张所谓『符言』，乃是『会符之言』的简称。

②徐：静而缓的意思。

③被节：被是赶上的意思。被节意谓赶上他人的节度。

④虚心平意：胸怀广阔，意念开朗，平心静气。

⑤待倾损：对待倾轧和损害。

⑥主位：身居君主之位的人。即文中应保持安、徐、正、静态度的人。

目贵明，耳贵聪，心贵智。以天下之目视者，则无不见；以天下之耳听者，则无不闻；以天下之心虑者，则无不知。辐辏并进，则明不可塞。右主明[1]。

①主明：身为君主者应该明察，即用天下之耳来观察。

听之术曰：『勿望而许之，勿坚而拒之①。』许之则防守②，拒之则闭塞③。高山仰之可极，深渊度之可测；神明之位术正静，其莫之极欤④！右主听⑤。

①勿望而拒之：如果听信众人之言，要广泛接受而不加以拒绝，这才是为人君者最重要的态度。

②许之则防守：假如听信善言，众人就会归服以保卫君主，也就是能转危为安。

③拒之则闭塞：假如拒绝采纳臣民的进言，那么民心必然离叛，使君主和臣民之间的通路闭塞。

④高山仰之可极……其莫之极欤：山的高度和渊的深度固然能够测量，但是神明的位术却是正静的，绝对无法像测量山河一般来测量。

⑤主听：君主对于听信人民言论之术，必须具有广大的胸襟度量。

用赏贵信，用刑贵正。刑赏信正，必验①于耳目之所见闻，其所不见闻者，莫不暗化矣。诚畅于天下神明，而况奸者干君？右主赏②。

①验：检验、查验。与证据互相对照，以便明了真相。

②主赏：君主一定要赏罚必信。

一曰天之，二曰地之，三曰人之。四方、上下、左右、前后，荧惑①之处安在？右主问②。

①荧惑：即火星。

②主问：为人君者问，必须得到天时、地利、人和。

心为九窍[①]之治，君为五官[②]之长。为善者，君与之赏，为非者，君与之罚。君因其政之所以求，因与之，则不劳。圣人用之，故能赏之。因之循理，故能久长，因求而与，悦莫大焉。虽无玉帛[③]，劝同赏矣。右主因[④]。

①九窍：是出入空气的小穴，人头上共有七个小穴，口、两耳、两眼、两鼻孔，也称为『七窍』。另外加上两个便孔，称为『九窍』。

②五官：指人的五种官能，即：视、听、味、嗅、触。

③玉帛，指玉和绢而言。两者都是贵重品。

④主因：君主最主要的是服从真理。

人主不可不周[①]，人主不周，则群臣生乱。寂乎[②]其无常也，内外不通，安知所开？开闭不善，不见原也[③]。右主周[④]。

①不可不周：君主必须广泛地知道世间的一切道理。

②寂乎：形容没有人声，很安静。

③不见原也：不知道为善的源头在哪里。

④主周：为君主者必须遵循事物本身的规律，全盘考虑事物。

一曰长目①，二曰飞耳②，三曰树明③。千里之外，隐微之中，是谓『洞』。天下奸，莫不暗变更。右主参④。

①长目：能看到很远的事物，犹如千里眼。

②飞耳：用天下之耳来听，也就是千里耳。

③树明：用天下之心来想，自然全面清晰。

④主参：是君主所应该用的各种东西。这就是长目、飞耳、树明。

循名而为①实，安而完；名实相生，反相为情；故曰：『名当则生于实，实生于理，理生于名实之德，德生于和，和生于当。』右主名②。

①循名而为：名，名分。实，实际，实在之物。采取符合名分的行动。

②主名：君主必须探取恰如其分进行统治的技术。

【译文】

身居君主之位的人，如果能够做到安详、从容、正心、沉稳，既会怀柔又能节制，愿意给予并与世无争，这样就可以心平气和地面对天下纷争了。以上主位。

眼睛最重要的功能就是明亮，耳朵最重要的功能就是灵敏，心灵最重要的功能就是智慧，人君如能用全天下的眼睛去观看，就不会有什么看不见的；如果用全天下的耳朵去听，就不会有什么听不到的；如果用全天下的心去思考，就不会有什么不知道的。如能将这些集于一身，那么君主就可明察一切，无可闭塞。以上主明。

听取情况的方法是：不要远远看见了就随便答应，也不要远远看见了就随便拒绝。假如答应别人，就要守信，自然就会多一层保护；假如随便拒绝了就会封闭君主的言路。仰望高山是可以望见山顶的；测量深渊是可以测到渊底的；而圣人的处事方法，其端正沉稳是无法测其高深的。以上主听。

奖赏时，最重要的是守信用，刑罚时，最重要的是公正。处罚与赏赐的诚信和公正，必须让臣民亲身见闻，这样对于那些没有亲眼看到和亲耳听到的人也有潜移默化的作用。君主的诚信如果能够畅达于天下，神明也会前来佑护，又何惧那些奸邪之徒冒犯主君呢？以上主赏。

一叫作天时，二叫作地利，三叫作人和。四面八方，上下、左右、前后不清楚的地方在何处呢？以上是主问。

心是九窍的统治者，灵则是五官的首长。做好事的臣民，君主给他们赏赐；做坏事的臣民，君主给他们惩罚，君主根据臣民的政绩来予以任用，斟酌实际情况给予赏赐，这样就不会劳神费力了。圣人这样做了，才足可称赞。因而只有遵循客观规律，才能长久安稳。根据所求而予之，会使对方喜悦之至。虽然没有什么珍宝重物，勉励与赏赐也是一样的。以上是主因。

作为人主，必须广泛了解外界事物，如果做不到这样，就容易发生社会骚乱，整个世间鸦雀无声是不正常的，内外没有交往，怎么能知道世界的变化！开放与封闭如不适当，就无法发现事物的善恶。以上是主周。

人君首先要有天下之眼观世界，其次要有天下之耳听人间，第三要有天下之心思考万物。如果在千里之外，隐隐约约、渺渺茫茫之中有个『洞』，即使在那『洞』的黑暗中藏了奸邪，也可以『洞察』到他们。以上是主参。

按照名分去做事，按着事实来决断。名实相互助长，相反而相依。适当的名称产生于客观事物，而客观事物产生于有关道理，道理产生于决定事物的法则，法则产生于大地之间的智慧，智慧产生于万物之间的协调。以上是主名。

## 鬼谷智囊

### 一、魏绛谏和戎

鲁襄公四年，北方戎族无终的国君嘉父见晋国强盛，便派遣使臣孟乐前往晋国，通过魏绛的关系向晋悼公献上了一些虎皮和豹皮，请求晋国能够与戎人各个部落和好。

晋悼公说：『戎狄不亲近人，而且贪婪成性，不如攻打他们。』

魏绛说：『各路诸侯刚刚归顺我们，陈国也是最近才与我们和好，现在还在观察我们的表现呢。如果发现我们有德，他们就会亲近我们，否则的话，他们就会背叛我们。现在我们如果兴师动众去讨伐戎狄，而楚国又趁机攻打陈国的话，我们肯定不能及时救援他们，这实际上就等于抛弃了陈国，中原诸侯也必然因此而背弃我们。戎狄之人如同禽兽，如果因为征服戎狄而失掉中原的华夏各国，那恐怕是得不偿失吧？《夏训》有这样的话：「有穷氏后羿……」』

晋悼公不等他说完，就插话问道：『后羿怎么了？』

魏绛回答说：『以前夏朝刚刚衰败的时候，后羿自私地迁到了穷石，利用夏朝的百姓而取得夏朝的政权。后羿依仗他射箭的本领，不修政事，不致力于安抚百姓，而是沉溺于田猎之中，丢弃了武罗、伯因、熊髡、龙圉等贤能之人，却重用寒浞。寒浞是伯明氏的一个奸诈子弟，寒国的国君伯明抛弃了他，但是后羿却收留了他，相信他，还重用他，让他做自己的助手。寒浞在宫里对女人献媚，在宫外又大量散播钱财、愚弄百姓，并使后羿沉溺于田猎。后来寒浞又运用卑鄙无耻的手段夺取了国家的政权，国内国外都归顺他。直到此时，后羿仍旧不思悔改，结果打猎回来后，就被他家里的人给杀了，并且煮熟了让他的儿子吃。他的儿子不忍心吃，结果也被杀死在穷国的城门。后羿的臣子纷纷逃到了有鬲氏那里。寒浞和后羿的妻妾生了浇和豷，又依仗着他的阴险狡诈，对百姓不施德行，派遣浇出兵灭了斟灌和斟寻氏，并且让浇镇守过地，让豷镇守戈地。靡在有鬲氏那里收聚了斟灌和斟寻两个国家的遗民，率领他们消灭了寒浞。寒浞杀羿之后，又灭了夏帝相，夏朝因此中断，此时靡就立了相的儿子少康为夏帝。少康后来又在过地消灭了浇，少康的儿子后杼在戈地消灭了豷，有穷从此就灭亡了，这是失去了贤能之人的结果。

『以前，周朝的辛甲担任太史的时候，曾经下过一道命令，让百官每人都要对君王的过错进行劝谏。《虞人之箴》里说：「大禹所统治的辽阔土地，曾经划分为九州，开辟了无数的道路。百姓活着的时候有房屋居住，死后还有庙堂，野兽有丰茂的野草，有可以栖息的场所，人兽之间互不干扰。后羿身为一国之君，却贪恋田猎，不顾国家的安危，想到的只是飞禽走兽。田猎是不能够过度的，否则就会导致国家灭亡。虞人是掌管禽兽的官员，斗胆想通过君王的仆役转达这些话。」《虞人之箴》里这么说，我们难道不应该引以为戒吗？』此时晋悼公正沉迷于田猎，因此魏绛才讲了后羿的故事。

晋悼公说：『那么，难道就没有比与戎狄和好更合适的办法了吗？』

魏绛说：『与戎狄讲和有五方面好处：第一点，戎狄是追逐水草而居的，因此他们看重财物而轻视土地，和好之后，我们可以把他们的土地买过来；第二点，不必再担心边疆受到骚扰，百姓也可以安居乐业，管理边疆农田的官吏也可以完成任务了；第三点，一旦戎狄归顺了晋国，四周各国都会被惊动，诸侯也会因为我们的威望而慑服；第四点，如果以德行安抚了戎狄，就能免去将士们远征的痛苦，武器也不会有什么损失；第五点，吸取后羿亡国的教训，应该推行德政，使远方的国家都来朝拜我们，邻近的国家也能够安心。以上五点希望君王能够认真考虑！』

晋悼公听了非常高兴，就派遣魏绛去和戎狄讲和，并且开始致力于百姓的事务，打猎也开始遵从时令了。

后来，鲁襄公十一年，晋悼公终于降服了郑国，郑国献上乐师、乐器和歌女、舞女，晋悼公把其中的一半赐给了魏绛。他说：『是你让寡人同各戎狄部落讲和，并以此整顿中原的。八年以来，我们九次召集诸侯会盟，好像音乐一样，没有不和谐的地方。就请你和我一起来分享这其中的快乐吧。』

魏绛辞谢说：『同戎狄和好，这是国家的福气；八年之中九次与诸侯会盟，诸侯又没有变心，这是由于君王您的威望，也是由于其他几位大臣的辛劳，我又有什么功劳呢？不过我还希望您如今既安于这种快乐，又能够做到善始善终。《诗经》里说：「快乐的君子，镇抚天子的邦国；快乐的君子，福禄与他人共享。治理好附近的小国，使他们心甘情愿地服从。」乐是用来巩固德行的，用道义安置它，用礼教推行它，用信用守护它，用仁爱勉励它，然后才能用来镇抚邦国，同享福禄，怀柔远人，这才是所谓的快乐。《书经》上说：「居安思危！」想到了危险就要有所防备，有了防备就可以消除祸患。我谨以此来规劝君王。』

晋悼公说：『你的劝教我怎么敢不接受呢？如果没有你，我就不能正确对待戎狄，也不可能渡过黄河征服郑国。论功行赏，是国家的典章，藏在盟府中不能随便废除，你还是接受吧！』于是魏绛就接受了赏赐，从此得以在祭祀中使用金石之乐。

【品读】

鬼谷子认为，如果君主能够做到稳重、从容、公正、沉着，他就具有柔的节度。他对臣民友善，能够给予而不争夺利益，心意虚静平定，用这种态度来准备应付可能出现的危机，就可以保持君位。晋悼公原来不准备接受戎人向他低首称臣的，但是在魏绛的劝说之下，改变了对戎人的态度。由此可见，作为一个君王，若想要具有大智慧，仅仅凭着自己的眼睛去观察，心灵去判断是远远不够的，他还需要借助天下人的眼睛和智慧。

## 二、楚令尹侵陈

鲁襄公三年春，楚令尹子重率军攻打吴国，编组了一支经过严格挑选的军队，攻下了吴国的鸠兹，一直打到衡山。然后派邓廖率领穿组甲的车兵三百人、穿被练的步兵三千人入侵吴国。吴国军队从中拦击楚军，俘虏了邓廖，楚军只有八十名车兵和三百名步兵得以逃脱。

子重回国，因为楚军在这次战斗中俘获也很丰厚，所以设宴庆祝。三天后，吴国人攻打楚国，占领了驾地。驾是楚国的上等城邑，此前被俘的邓廖也是楚国的杰出人物，所以君子认为：『子重在这次战役中，得到的不如失去的多。』楚国人因此责备子重，子重很不痛快结果得病死了。

子辛继任做了令尹。子辛为人贪鄙，向小国求索无度，小国都很怨恨。当年六月，晋悼公在鸡泽召集诸侯会盟，陈成公便派遣袁侨到鸡泽盟会上请求依附晋国。晋悼公便派遣和组父向诸侯通报了这件事。

楚共王见陈国背叛了楚国，就派司马公子何忌带兵攻打陈国。

第二年春天，楚国入侵陈国的军队驻扎在繁阳。晋国的韩厥非常担心这件事，在朝廷上说：『文王率领背叛商朝的国家去侍奉商纣王，这是因为他知道时机尚未成熟。现在我们却倒了过来，想要称霸可难啊！』

三月，陈成公去世。楚国正打算攻打陈国，听到陈国有丧事，就停止了这一行动，但是陈国仍旧不听从楚国的命令。鲁大夫臧孙纥听说后，说：『陈国不顺服楚国，一定会灭亡。大国讲究礼仪而不去攻打国丧期间的陈国，这样还不顺从，即使对于大国来说尚且可能会有灾祸，何况是陈国这样的小国呢？』

当年夏天，楚国的彭名率兵进攻陈国，就是因为陈国无礼的缘故。之后，楚国人又让邻近陈国的顿国，趁陈国不备时进攻陈国。

鲁襄公五年秋，楚国人质问陈国为什么要背叛，陈国人说：『这是因为贵国的令尹子辛向我们求索无度，永远得不到满足。』于是，楚国就把子辛处死了。《春秋》中说：『楚杀其大夫公子壬夫』。这表明子辛确实是因为贪婪而被杀的。

君子认为：『楚共王在这个问题上处置得不妥当。《诗经》说：「大道平坦笔直，心中明察秋毫，如果没有好的主意，就集合贤良之人共同决定。」自己不讲信用，反而用杀人的办法来推卸责任，这恐怕是很难把国家治理好的。《夏书》说：「有了信用，才能成功。」』

楚国的子囊担任了令尹。晋国的士匄议论说：『我们就快要失去陈国了。楚国人在讨伐了具有二心的陈国之后，现在又立了子囊，必然会改变子辛的做法，而尽快去攻打陈国。陈国离楚国很近，百姓时刻都在担心恐惧，他们怎么会不归顺楚国呢？保存陈国，我们是心有余而力不足啊。大概得放弃它才可以吧。』

冬天，子囊讨伐陈国，晋悼公与鲁襄公、宋平公、卫献公、郑僖公、曹成公、齐国的世子光率领军队在城棣会盟，然后赶去救援陈国，诸侯派军队为陈国戍守。

鲁襄公七年冬，楚国的子囊又率军包围了陈国都城，晋悼公与鲁襄公、宋平公、陈哀公、卫献公、曹成公、莒子、邾子在鄬地会合，然后一起去救援陈国。

陈国人对楚国的进攻忧心忡忡，就决定背叛晋国，转而投靠楚国，还想出了一条计策。陈国的执政大夫庆虎、庆寅对楚国人说：『我们派君王的弟弟公子黄去贵国，你们把他抓起来。』楚国人便照他们说的那样做了。

于是庆虎、庆寅派人到鄬地的盟会上报告陈哀公，说：『楚国人逮住了公子黄。君王如果不回来，臣等不忍心社稷宗庙被楚国倾覆，恐怕群臣会产生别的想法。』陈哀公就以此为借口离开盟会，逃回了陈国。诸侯会盟本来是为了救陈国，如今陈哀公从会上逃回，救陈的事也就不了了之了。

【品读】

鬼谷子认为，君主是官吏的主宰，官吏做了好事，应该得到奖励，如果做了坏事，就应该受到惩罚。楚国的令尹子辛向小国索求无度，最后酿成了小国纷纷背叛的结果。子辛虽然被处死，但是造成的影响却难以挽回的。

陈国国君陈哀公作为国君不能遵守信用，在晋国和楚国两个强国之间，摇摆不定。所以导致了没有人肯救陈国的局面。由此可见，作为国君，要懂得恪守信义的重要性，作为大臣要明白控制贪欲的必要性。

## 三、吴乘楚丧

鲁襄公十三年，楚共王生病，他告诉大夫们说：『我没有树立什么德行，就在年幼的时候做了一国之君。我十岁的时候失去了先君，还没来得及多向师保学习，听取他们的教诲，就匆匆忙忙地继了位。正是由于缺乏德行，才在鄢陵丧失了军队，并且使国家蒙受耻辱，给大夫们增添了忧虑，这都是非常严重的了。如果能够托诸位大夫的福，使我得以保全尸首于地下，那么在安葬和祭祀之时，你们将我的牌位放入祢庙时，如果能给我一个「灵」或「厉」这样的谥号，我就满足了。请大夫们决定。』

大夫们听了这话，但没有人回答。谥法中，杀戮无辜为『厉』，乱而不损为『灵』，楚共王要求臣子给自己这样的恶谥，大概是希望这样能够让自己更容易去见地下的先君。共王见大夫们不回答，就再次要求，直到第五次下令之后，大夫们才答应。

秋天，楚共王去世，子康王继位。令尹子囊和大家商量给楚共王什么样的谥号，大夫们说：『国君不是已经下过令了吗？』意思是在共王要求的『灵』或『厉』中选一个字就可以。

子囊不想用恶谥，而希望用『共』这个谥号，于是歪曲国君的命令说：『国君下令用「共」字，我们怎么能废弃它呢？我们楚国声威赫赫，国君在上边统治，安抚了蛮夷，征服了南海，让他们从属于华夏，使他们知道自己的过错，用「共」不是很合适吗？我们就为他上「共」这个谥号吧。』大夫们都听从了他的意见。

这时，吴国趁机侵犯楚国，楚将养由基作为前锋先行，司马子庚率大军在后。养由基对子庚说：『吴国趁我们遭逢国丧，认定我们不能整顿兵马，因此一定会轻视我们而不加戒备。您设置三处伏兵来等待我，我去引诱他们。』子庚听从了他的计策。双方在庸浦交战，楚军大败吴军，并且俘虏了吴国的公子党。

次年春天，吴国向晋国报告了被楚国战败的消息，于是，晋国的士匄召集鲁国的季孙宿和叔老、齐国人、宋国人、卫国人、郑国的子蟜、曹国人、莒国人、邾国人、滕国人、薛国人、杞国人、小邾国人在吴国的向地会盟，商量帮助吴国对付楚国的事。但是在会上，士匄责备吴国趁楚国国丧攻打楚国的不道德行为，并以此为由拒绝了吴国人的请求。

秋天，楚康王由于庸浦之役吴国趁楚国国丧入侵，让子囊在棠地集合军队，然后攻打吴国。吴国军队不敢出战，楚国军队就回去了。撤退的时候，子囊殿后，他认为吴国是因为无能力迎战，因而就放松了警戒。没想到，吴国人从皋舟险隘穿插出来，拦腰截击楚军。楚国军队不能彼此呼应，结果被吴国人击败了，楚公子宜谷被俘。

子囊回来之后，没多久就死了。他临死前，对子庚（子庚后来继任令尹之职）说：『一定要在郢地（不是郢都所在的地方）筑城。』君子因此认为：『子囊真是忠诚。国君逝世后，不忘记为他争取好名声，谥他为「共」；临死之时，还不忘记保卫国家，能不认为他忠诚吗？忠诚正是百姓的希望所在。《诗经》中说：「一切行动都要归结到忠信，这就是老百姓所希望的。」说的就是这个意思。』

【品读】

忠诚是我们一生的选择。一一权衡、层层过滤后，最朴实、最感人的品质就是忠诚。忠诚提升了自己，也感动了别人，健全的人格需要忠诚来支撑。忠诚是一种强大的精神力量，是一种非凡的人格特质，它使人自尊，给人以满足。生命不能没有忠诚，不忠诚的人必定不是一个完全意义上的人。

## 四、范宣子数落姜戎氏

鲁襄公十四年的春天，吴国为前一年楚庄王去世时，趁机入侵楚国，反被楚军打败一事，向盟主晋国求告。晋国为此召集诸侯在吴国的向地会盟，在会上抓了莒国的公子务娄，原因是他和楚国的使节私下通消息。

此外，晋国还准备逮捕戎国国君驹支。此次盟会的主持者范宣子（即晋卿士匄）亲自在盟会的朝位上列数罪状，说：『过来，姜戎氏！以前秦国把你的祖父吾离从瓜州赶了出去，那时吾离身披蓑衣、头戴草帽前来归附我们先君。我们先君惠公虽然只有不算广阔的土地，但是还是和他分享了，让你们可以生存下去。

如今诸侯侍奉我们国君不如以前了，这是因为有些消息被泄露了出去，这应当是因为你们的缘故。明天早晨的会你就不要参加了，如果你参加了，我们将把你逮起来。』

驹支回答说：『从前秦国人依仗着他们的人多，贪求土地，驱逐我们各个部落的戎人。惠公显示了他的大恩德，认为我们各部戎狄也都是尧时方伯的后代，不能加以抛弃。于是就赐给我们南部边境的土地，狐狸居住在那里，豺狼在那里嗥叫。我们各部戎人砍伐那里的荆棘，驱逐那里的狐狸豺狼，安心做你们先君的既不犯上也不背叛的臣子，直到如今也没有二心。

『从前晋文公和秦国一起攻打郑国，秦国人偷偷地和郑国结盟，并安排了戍守郑国的军队，于是，发生了殽地的战役。晋国在正面抵御，我们戎人在后面对抗。而秦国的军队之所以会全军覆没，实在是因为有我们各部戎人奋力助战的结果呀。拿捕鹿来做比喻，晋国人抓住了它的角，各部戎人拖住了它的腿，和晋国人一起把它摔倒。我们戎人为什么不能免于罪责呢？

『从那个时候开始，晋国的各个战役，我们各部戎人都不失时机地参加，以追随执事，如同殽地的战役一样尽心尽力，丝毫也不敢违背。现在可能是因为贵国的官员有了过失，因而使诸侯三心二意、离心离德，却反而责备我们各部戎人。我们各部戎人饮食、衣服和中原各国都不相同，而且不相往来，言语不通，我们又能够做什么坏事呢？即使不能参加会盟，我们也问心无愧。』说完就吟诵着《小雅》中的《青蝇》这首诗退了下去。

《青蝇》诗中有『恺悌君子，无信谗言』这样的句子，士匄听到后，马上走上去表示歉意，决定让他参加诸侯的会盟，以显示自己有『恺悌君子』那样不听信谗言的美德。

【品读】

大海也是一滴滴的水组成的，绣花针和大铁棒，大小不同，却各有用场，不要抱怨，发挥出你的能量，相信小小石头也能砸破大缸。不要因为你是这个社会的弱者，而处处谦让求全，狗被逼急了也要咬人，兔子回头也凶似虎，百兽也会惧怕几分。

## 五、齐晋平阴之役

当初，晋卿士匄向齐国借了舞蹈或装饰用的鸟羽和牦牛尾，却一直没有归还，齐国人很不满，开始对晋国有了怨恨的情绪。鲁襄公十五年夏，齐灵公包围了鲁国的成地。当时晋国是齐国的盟主，鲁国也是同盟之一，齐国侵犯同盟国，正是因为它对晋国有了二心的缘故。

这年冬天，晋悼公去世，子平公继位。次年春天，晋平公在溴梁召集诸侯会盟，然后在温地举行了宴会，宴会上让各国的大夫舞蹈，说：『跳舞时唱的诗歌，一定要和舞蹈相配合。』齐国的高厚唱的诗与舞蹈不配合，晋卿荀偃非常恼火，说：『诸侯有二心了。』

于是就让各国大夫与高厚盟誓，高厚吓得逃回了国内。于是晋国的荀偃与鲁国的叔孙豹、宋国的向戌、卫国的宁殖、郑国的子蟜、小邾国的大夫一起盟誓说：『共同讨伐不敬盟主的人。』

秋天，齐灵公又一次包围了成地，鲁大夫孟献子的儿子孟孺子（名速）率军阻击齐军。齐灵公说：『速这个人一向很勇敢，我们不如离开，成就他的名声好了。』孟孺子封锁了鲁国的要道海陉后就回去了。

冬天，鲁国叔孙豹去晋国聘问，同时说到齐国又一次攻打鲁国成地的事情。晋国人说：『由于我们国君还没有举行将悼公牌位供入太庙的柿祭，百姓也没有得到休息，所以我们不能救援。如果不是这样的话，我们是不敢忘记贵国面临的灾难的。』

叔孙豹说：『由于齐国人经常都在我们的土地上发泄愤恨，因此我们才郑重地前来请求贵国的援助。敝邑情况危急，朝不保夕，百姓天天引领西望说：「也许晋国就要来救援我们了吧！」等到贵国有空发兵的时候，恐怕已经来不及了。』

叔孙豹见到荀偃时，赋了《圻父》这首诗，诗中责备了圻父这个人，担任周王的大臣，却玩忽职守，让百姓流离失所。荀偃说：『我知道自己的罪过了。我岂敢不跟着你一起为贵国社稷担忧，而让贵国落到这样的地步呢？』

叔孙豹见到士匄时，赋了《鸿雁》这首诗的最后一章，把鲁国比喻成哀鸣失所的鸿雁。士匄说：『有我在这里，怎么敢让鲁国没有安居之所呢？』

齐国人前几次侵略鲁国都没有得到满足，于是就在鲁襄公十五年秋，由齐灵公率军攻打了鲁国的北部边境，并且包围了桃地，高厚把臧孙纥包围在防地。鲁国军队从阳关出动，迎接臧孙纥，到达旅松。郰叔纥、臧畴、臧贾等率领甲士三百人，在夜里从防地突围出来偷袭齐军，把臧孙纥送到旅松后才回来。齐军见得不到臧孙纥，就离开了鲁国。

齐国人俘虏了臧坚，齐灵公派夙沙卫前去慰问他，并且让他说：『你不要寻死。』臧坚叩头感激说：『拜谢君王的命令。然而君王赐我不死，却又故意派宦官来，这让我感到耻辱。』说完就用木棍刺进伤口而死。

鲁襄公十八年秋，齐灵公又一次攻打鲁国北部的边境，晋国作为盟主的面子再也挂不住了，荀偃打算发兵攻打齐国。荀偃做了一个梦，梦见和晋厉公争辩（厉公当年被荀偃所弑），结果没能辩赢。还梦见晋厉公用戈钩自己的脑袋，脑袋从前面掉了下来，荀偃就跪下来，把头按回脖子上，用手扶着逃走了，还见到了梗阳的巫师皋。

过了几天，荀偃在路上真的碰见了巫皋，就和他谈起梦里的情况，没想到巫皋也做了同样的梦。巫皋说：『您今年一定会死。如果东边有战事，您就在那儿死去吧。』荀偃答应了。

晋平公亲自率军攻打齐国。将要渡过黄河时，荀偃用红丝线系着两块玉祷告说：『齐灵公靠着地形险要，仗着人马众多，丢弃友好违背盟誓，凌虐百姓。如今神的陪臣彪（彪是晋平公的名字。天子为神之臣，则诸侯为神之陪臣）将要率领诸侯的大军前去讨伐齐国，他的下属荀偃将在前后辅助，如果得胜有功，没有给神带来羞耻的话，那么我就不再渡河回来了。一切由神定夺。』然后就把玉沉入了黄河。

十月，晋平公召集鲁襄公、宋平公、卫献公、郑简公、曹成公、莒子、滕子、薛伯、杞孝公、小邾子在鲁国境内的济水边上会盟，重申了溴梁之会的誓词，然后一起攻打齐国。

齐灵公在平阴进行抵御，并在防门的长城外挖壕沟防守，壕沟挖了有一里长。夙沙卫说：『如果力量不足以交战，那就没有比扼守险要更好的办法了。』他认为防门不够险要，不足以恃，应该据守更险要的地方，但齐灵公不听。

诸侯的军队进攻防门，齐国人大多战死。士匄对齐国的大夫子家说：『我跟你那么熟，难道会向你隐瞒实情吗？鲁国人、莒国人都请求要带一千辆战车从他们那儿打过来，我们已经答应他们了。等他们攻过来，贵国君王必定会失掉整个国家。希望你能好好考虑一下。』

子家把这些话告诉了齐灵公，齐灵公非常害怕。晏婴听说后，说：『国君本来就没有勇气，如今又听到了这些话，一定活不了多久了。』

齐灵公登上巫山远望晋国军队。晋国人正在派司马排除山林河泽中的险阻，即便是军队达不到的地方，也一定树起大旗，并且稀疏地布置好战阵，让战车的左边坐上真人，而在右边放上假人，用大旗当作前导，战车后面拖上木柴跟上去，前进的时候就会尘土飞扬，如同大军奔驰的样子。齐灵公看到这些以后，害怕他们人多，就离开军队独自逃回去了。

二十九日，齐国军队在夜里逃走。师旷对晋平公说：『乌叫的声音听起来很高兴，齐国的军队大概逃走了。』邢伯对荀偃说：『有马匹盘桓的声音，齐国的军队大概逃走了。』叔向也对晋平公说：『城上有乌鸦在飞，齐国的军队大概逃走了。』

十一月初一，晋国的军队进入平阴，紧接着就追赶齐军。夙沙卫把大车联结起来堵塞山里的小路，自己担任殿后。殖绰、郭最说：『你是一个宦官，来为我们的大军殿后，这是齐国的耻辱。你还是走在军队的前面吧！』于是就代替他走在了最后。

夙沙卫又把马也杀了，用以堵塞狭小的道路。晋国的州绰追了上来，用箭射殖绰，射中了两个肩膀，两箭正好把他的脖子夹住了。州绰对他喊道：『停下来，你还可以做我军的俘虏；你要是不停下来，我这一箭就要射你的脑袋了。』

殖绰回过头来说：『你要发誓不杀我。』州绰说：『有太阳做证！』于是就把弓弦解下来，从后面把殖绰捆绑了起来。他的车右具丙也放下兵器，把郭最捆绑了起来。两人都还没有脱下盔甲，就被从后面捆绑住，然后被放到了中军大鼓的下边。

晋国人要继续追赶逃兵，鲁国、卫国的军队请求进攻险要的地方。十三日，荀偃、士匄率领中军攻下了京兹。十九日，魏绛、栾盈率领下军攻下了邿地。赵武、韩起率领上军包围了卢地，但是没有攻克。

十二月初二，诸侯军队到达了秦周，已经逼近了齐国的都城临淄，砍伐了临淄的西门雍门外边的树。晋国的士鞅攻打雍门，他的御者追喜还用戈杀死了门里的一条狗。鲁国的孟庄子砍下了当地的椅木，后来为鲁襄公制作了一把颂琴。初三，晋国军队放火烧了雍门和西边、南边的外城，刘难、士弱率领诸侯的军队放火烧了申池边上的竹木。初六，又放火烧了东边和北边的外城。

齐灵公备好马车，准备逃到邮棠去。太子光和大夫郭荣拉住他的马，说：『敌军行动快速，而且攻击勇猛，这是为了掠夺财物，但是很快就会退去了，君王害怕什么呢？而且作为一国之君，不能随便逃走，否则就会失去大众。君王一定要耐心等待呀！』齐灵公不听劝告，打算冲向前去。太子光抽出剑来砍断了马鞅，才使灵公放弃了出逃的打算。

初八，诸侯的军队转而向东边进攻，到达了潍水西岸，又向南边进攻，打到了沂水流域。

鲁襄公十九年春，诸侯的军队从沂水边上回来，在督扬结盟，盟辞说：『大国不要进攻小国。』在会上，将邾悼公抓了起来，这是因为他在鲁襄公十七年攻打鲁国的缘故。诸侯的军队就驻扎在泗水边上，重新划定了鲁国的疆界，取得了漷水以西邾国的全部土地。

晋平公先回国，鲁襄公在蒲圃招待了晋国的六卿，还送了他们礼物。荀偃头部生了恶疮，渡过黄河到达著雍时，他的病情加重，眼珠子都鼓了出来。先回去的大夫又都赶了回来，士匄请求见荀偃，但是荀偃不肯见；士匄又派人问谁可以做继承人，荀偃说：『荀吴可以。』

荀偃死时，眼睛仍然睁着，口却闭得紧紧的，以至于不能放进珠玉。士匄为荀偃擦洗尸体，然后抚着尸体说：『以后一定会像侍奉您一样侍奉荀吴！』但是荀偃的尸体还是不闭眼。栾盈说：『是因为齐国的事情没有完成的吗？』于是又抚着荀偃的尸体说：『您去世以后，我们一定要继续攻打齐国，有河神为证。』荀偃的尸体这才闭上眼睛，并且张开嘴巴接受了含玉。士匄出去后感慨地说：『作为一个男人，我那样理解荀偃，实在是浅薄啊。』

【品读】

鬼谷子认为，一切事物都在发生变化，如果内外阻隔、情况不明，国君不能周全地了解一切情况的话，就会导致判断失误。而齐灵公临阵逃命的做法，正好说明了他是一个不称职的君王，在关键时刻，面对来势汹汹的晋国军队，齐灵公早就慌了手脚，他根本没有去观察战争的情况如何，如果不是太子光用剑砍断了他的马鞅，齐灵公就抛弃城池和百姓不顾，准备自己逃命去了。一个国家的国君如果如此懦弱，失败的命运是可想而知的。

## 六、臧孙纥论止盗

鲁襄公二十一年，邾国大夫庶其带着漆和闾丘两个地方投降了鲁国，季武子把襄公的姑母嫁给他做妻子，还赏赐了他带来的全部随从。此时鲁国的盗贼很多，季武子对司寇臧孙纥说：『你为什么不禁止盗贼呢？』

臧孙纥回答说：『盗贼难以禁止，我也没有能力禁止。』

季武子说：『我国的四方边境都有人防守，为什么不能够禁止盗贼呢？你作为司寇，理应扫除盗贼，为什么说没有能力禁止呢？』

臧孙纥说：『你把国外的盗贼招来，并且大大地给予礼遇，我又怎么能禁止国内的盗贼呢？你作为正卿，却招来外贼，而让我清除国内的盗贼，我凭什么能够做到？庶其盗窃了邾国的城邑来我国，你把姬氏送给他做妻子，还给了他城邑，他的随从都得到了赏赐。如果用国君的姑母和大城邑去表示对大盗贼的敬重，用皂隶车马、衣服佩剑等对其随从表示鼓励的话，那么这无疑就是奖励盗贼。既赏赐盗贼，又要清除盗贼，恐怕是很困难的呀。我曾经听说过，在上位的人要洗涤他的内心，专心一意地待人，使他们合乎法度，而要表现出自己的诚信，然后才可以治理别人。假如上层的人做了，百姓也会照着做，这是势所必然的，又怎么能够禁止呢？

【品读】

臧孙纥的一番话切中要害，说明了『窃珠者盗，窃国者侯』的道理，如果作为领导者，不能做到『赏赐以讲信用为贵，施行刑罚以公正为贵』的话，这个国家就很难建立正确的价值标准。《夏书》说：『做什么得依据这个标准，不做什么也得依据这个标准，发号施令得依据这个标准，表示诚信也得依据这个标准。只有帝王才能建立这样的功勋。』意思是说要由自己体现思想和行动的一致，诚信出于自己的一致，然后才可以建立功劳。

## 七、福祸相依的公弥

鲁国大夫季武子没有嫡子，庶子当中公弥虽然年长，但季武子更喜欢悼子，想立悼子为继承人。季武子向家臣申丰询问说：『公弥和悼子，我都喜欢，想要选择有才能的立为继承人。』申丰快步退出，回到家后，打算带着全家出走。过了几天，季武子又问申丰，申丰回答说：『如果这样，我准备套上我的车走了。』季武子就不再和他谈继承人的事。

季武子又去问臧孙纥。臧孙纥说：『你招待我喝酒，我就为你立他。』季氏招待大夫们喝酒，臧孙纥是上宾。臧孙纥向宾客献酒完毕，就命令朝北铺上两层席子，换上新洗的酒杯。然后召见悼子，臧孙纥走下台阶迎接他，大夫们都站起来。等到旅酬（宴会上宾主互相敬酒酬答的礼节）时，才召见公弥，让他和宾客按年龄大小排列座次。

当时宴会饮酒的礼仪，旅酬之后士人不入，在旅酬之时，召见公弥，是以士礼对待他，明白地表示将来不会让他继承季武子的爵位。季武子见臧孙纥做得那么露骨，也感到意外，脸上都变了颜色。

季武子为了抚慰公弥，就让公弥担任马正（相当于大夫家的司马），公弥心里怨恨，不肯做。闵子马见到公弥，说：『你别这样。祸和福都是人们自己招来的。做儿子的，担心的是不孝，而不是担心没有地位。恭敬地对待父亲的命令，事情怎么会固定不变呢？如果能够恭敬孝顺，将来比悼子富有一倍都是可以的；奸邪不合法度，祸患就会比普通老百姓多一倍。』

公弥同意闵子马的话，就恭敬地早晚向季武子请安，谨慎地履行职务。季武子高兴了，让他招待自己喝酒，自己带着宴会用的器具，然后就把这些器具全部留下给他。公弥家因此致富，公弥又出仕鲁君，做了鲁君的左宰。

孟庄子讨厌臧孙纥，但季武子喜欢他。孟氏的车马官丰点喜欢孟庄子的庶子孝伯，说：『听从我的话，你一定会成为孟氏的继承人。』丰点再三地说，孝伯就听信了他。

鲁襄公二十三年，孟庄子生病，丰点对公弥说：『如果您能让孟氏立孝伯，我就能让他替你报复臧孙纥。』于是公弥对季武子说：『孺子秩本来应当做孟氏的继承人。但是如果能改立孝伯为继承人，那么季氏的势力就会超过臧氏了。』但季武子不答应。八月初十，孟庄子死了。公弥侍奉孝伯立在门边接受宾客吊唁。季武子去了，进门之后痛哭，然后出来，说：『秩在哪里？』

公弥说：『孝伯在这里了。』

季武子说：『秩年长。』

公弥说：『有什么年长不年长？看谁更有才能吧。而且是孟庄子老人家的遗命。』于是就立了孝伯，秩逃亡到邾国。

臧孙纥进门号哭，非常哀痛，流了许多眼泪。出门后，他的御者说：『孟庄子讨厌您，而您悲哀成这个样子。如果季武子死了，您会怎么样？』

臧孙纥说：『季武子喜欢我，这是没有痛苦的疾病；孟庄子讨厌我，这是使人痛苦的良药。没有痛苦的疾病，不如使人痛苦的良药。良药还可以让我活下去，疾病没有痛苦，它的毒害更多。孟庄子死了，我灭亡的日子也没有多少了。』

【品读】

公弥本来有可能成为季武子的继承人，但是却未能如愿，就在他心中充满了怨恨的时候，闵子马对他说的一番话如同醍醐灌顶，闵子马认为：祸和福都是人们自己招来的，做儿子最应该担心的是自己不孝，而不是担心没有地位。如果能恭敬地对待父亲的命令，事情就会发生转机，如果做那些奸邪的、不合法度的事情，同样祸患就会比老百姓多一倍。闵子马的这一番道理，非常符合鬼谷子在《符言》中所说的：如果能做到安详、从容、正心、沉稳，既会怀柔又能节制，愿意给予并与世无争，这样就可以心平气和地面对天下纷争了。

## 八、宋太子痤冤死

当初，宋国的大夫芮司徒生了个女儿，皮肤红且多毛，就把她丢弃在河堤下。宋共公夫人共姬的侍妾把她捡回来，取名叫弃。弃长大后很漂亮。宋平公向共姬问候晚安，共姬给他东西吃。平公见到了弃，细看，觉得她美极了。共姬就把她送给平公做侍妾，受到宠爱，生下佐。佐长得难看，但性情温和。宋国的太子痤，人长得很漂亮，但性情毒辣，大夫向戌很怕他，所以厌恶他。寺人惠墙伊戾做太子的内师，却不受宠信。

鲁襄公二十六年秋，楚国人去晋国聘问，经过宋国。太子和楚国来的客人原本相识，请求在野外设宴招待他，平公让他去了。

惠墙伊戾请求跟太子一起去。平公问：『他不是讨厌你吗？』

惠墙伊戾回答说：『小人侍奉君子，被讨厌不敢远离，被喜欢不敢亲近，恭敬地等待命令，岂敢三心二意呢？太子那里即便有人在外边侍候，却没有人在里边侍候，所以臣请求前去。』平公就派他去了。

惠墙伊戾到了设宴的地方，就在那里挖了个坑，放上祭祀用的牺牲，然后把伪造的盟书放在上面，检查一遍，驰马回来报告宋平公，说：『太子将要作乱，已经和楚国的客人结盟了。』

平公说：『他已经是我的继承人了，还谋求什么？』

惠墙伊戾回答说：『想早点即位。』

平公派人去视察，果真有这些迹象。平公向夫人弃和向戌征求意见，他们都说：『的确听说过。』于是宋平公就抓住太子，把他关了起来。

太子说：『只有佐能够让我免祸。』于是召请佐，想让他向平公请求，并且说：『佐到中午还不来，我就知道要死了。』向戌听说这话，就故意和佐不停地说话。过了中午，太子见佐还不来，就上吊死了。佐被立为太子。平公渐渐了解到痤并没有罪，就把惠墙伊戾煮杀了。

【品读】

因为太子就是未来的君王，所以太子这个位置充满了太多的诱惑。由于太多的诱惑，这个位置不仅受到兄弟的觊觎，而且也经常受到来自父亲的怀疑。所以导致做太子的人，要时时小心，如履薄冰，在他的生活中到处充满风险，经常会在意想不到的地方翻船。太子痤可能是因为讨厌某个小人，最后竟然被小人所陷害。

宋国太子痤虽然无辜被杀，但是导致他被人陷害的原因却是因为他性格狠毒，得罪了人的结果。如果太子痤能做到安详、从容、正心、沉稳，并且与世无争的话，那么他的命运也许会是另外的一种情况了。

## 九、卫献公复位

卫国的孙林父到鲁国来聘问时，鲁襄公陪他上殿，襄公每登上一级台阶，孙林父也并肩登上一级台阶。叔孙豹担任相礼，于是急忙快步走上前去，说：『当初诸侯会盟时，我们君王从来没有走在贵国君王后面，因为两国的地位平等。现在你没有走在我们君王的后面，我们君王不知道自己的过错在哪里。你还是稍微慢一点走吧。』孙林父没有话说，但是也没有表现出改悔的样子。

叔孙豹说：『孙林父必然会灭亡。他作为臣下却和国君一起并肩而行，有了过错而不知道改悔，这就是他灭亡的根本原因。《诗经》中说：「退朝回家吃饭，神态从容谦恭和蔼。」说的就是要小心顺从君王。专横无礼而又满不在乎，必然会遭受打击。』

鲁襄公十四年，孙林父和宁殖驱逐了卫献公。卫献公打算逃奔齐国，弟弟子展先去，然后献公也出逃，另一个同母的弟弟子鲜也跟随他。齐国人把他安置在郏地，但等献公后来回国复位时，居然把郏地一年的收成也给带了回去。

鲁襄公派厚成叔到卫国慰问，说：『我们国君派我前来慰问。听说贵国国君失去了国家，而流亡在别国境内，我们怎么能不来慰问呢？由于我们是同盟，所以我们国君派我来对诸位大夫说：「国君不善良，臣子就会不明达；国君不宽容，臣子就会不尽职。如果怨气积蓄很久才发泄出来，那该怎么办呢？」』

卫国派太叔仪回答，说：『我们没有才能，得罪了国君。国君不但没有把我们依法惩处，反而远远地抛弃了我们，流亡在外。承蒙贵国君王不忘记先君的友好，承你前来慰问我们，又对我们的不明达加以哀怜。谨拜谢贵国君王的关心，再拜谢对我们的哀怜。』

厚成叔回国复命后，告诉臧孙纥说：『卫国的国君肯定会回去复位的！有太叔仪这样的人留守国内，有同胞兄弟子鲜与他一起出奔。有人在国内安抚，有人在国外经营，能够不回去吗？』

卫献公住在郏地，臧孙纥来到齐国向他慰问，卫献公和他说话时态度粗暴。臧孙纥退出以后，告诉他的手下人说：『卫献公大概不能回国了，他说的话好像粪土一样。逃亡在外而不知悔改，怎么能够恢复国君的地位呢？』

子展、子鲜听说这话以后，马上求见臧孙纥。他们与臧孙纥说话时通情达理，臧孙纥很高兴，又对自己的手下人说：『卫献公一定能回国的。有这样两个人帮助他，他想不回国都不可能啊！』

鲁襄公二十年冬，宁殖生了病，他告诉儿子宁喜说：『我对君王犯下了过错，如今后悔也来不及了。我的名字记载在诸侯的简册上，并被加以收藏，上面说：「孙林父和宁殖赶走了他们的国君。」如果国君能够回国的话，还可以掩盖这件事。现在能掩盖我的恶名的，只有我的儿子你了。如果你不能做到这一点，那么假如死后有鬼神的话，我宁可挨饿，也不来享受你的祭品。』宁喜答应后，宁殖才咽下最后一口气。

鲁襄公二十五年，晋平公在卫邑夷仪召集诸侯会盟，派人把卫献公接过来，然后要求卫国把夷仪让给卫献公居住。于是卫献公来到夷仪，并派人向宁喜要求帮助自己复位，宁喜答应了。

太叔仪听说后，说：『啊！《诗经》中有「我自己尚且还不能被人容纳，哪里还顾得上我的后代」这样的话，宁喜就可以算是不顾他的后代了。这样做难道也可以吗？大概一定是不可以的。君子有所行动，就要考虑事情的后果，就要考虑下次能否照做。《尚书》中说：「谨慎于开始，谨慎于结束，结果就不会困窘。」《诗经》说：「早晚不敢懈怠，侍奉我们国君。」现在宁喜对待国君都不如下棋谨慎，他怎么能免于祸难呢？下棋的人举棋不定，就会败给他的对手，何况安置了国君，却不能安定呢？他必定不能免于祸难了。九代相传的卿族，一朝就将被灭亡，真是可悲啊！」

次年春天，卫献公派子鲜为自己谋求重登君位，子鲜辞谢。他们的母亲敬姒一定要他去，子鲜回答说：『国君没有信用，臣下害怕不能免于祸难。』敬姒说：『尽管这样，为了我的缘故，你还是去干吧！』子鲜答应了。

当初，卫献公派人和宁喜谈起复位的事。宁喜说：『一定要子鲜在场，否则的话，事情肯定会失败。』所以献公派遣子鲜去。

子鲜并没有得到敬姒的进一步指示就去了，他就把献公的命令告诉宁喜，说：『如果回国，政事交给宁氏处理，祭祀就由寡人主持。』

宁喜告诉蘧伯玉，蘧伯玉说：『我当年没有能听到国君的出走，如今岂敢听到他的回归？』于是就出走，从最近的边关出国。

宁喜告诉右宰谷，右宰谷说：『不行，得罪了两个国君，天下谁能容纳你？』

宁喜说：『我在先人那里接受了命令，不能三心二意。』

右宰谷说：『我请求出使去察看一下。』于是去夷仪进见献公，回来后说：『国君流亡在外十二年了，却没有忧愁的样子，也没有宽容的话，还是以前那样一个人。如果不停止原计划，我们离死就没有几天了。』

宁喜说：『有子鲜在那里。』

右宰谷说：『子鲜在那里，有什么用处？至多不过他自己逃亡，又能为我们做些什么呢？』

宁喜说：『尽管这样，这件事也不能停下来。』

这时，孙林父住在食邑戚地，他的儿子孙嘉在齐国聘问，孙襄留守在都城的家里。二月初六，宁喜、右宰谷攻打孙氏，没有攻下，打伤了孙襄，宁喜退出都城在郊外住宿。孙襄死了，孙家的人在夜里号哭，都城里的人就召唤宁喜，宁喜再次攻打孙氏，这次成功了。初七，宁喜杀了卫殇公和太子角。初十，卫献公回国复位。大夫们在边境上迎接他的，献公拉着他们的手跟他们说话；在大路上迎接他的，从车上对他们作揖；在都城门口迎接的，只是点点头而已。

卫献公到达后，派人责备太叔仪说：『寡人流亡在外边，几位大夫都使寡人听到卫国的消息，唯独你不关心寡人。古人有话说：「不是所应该怨恨的，不要怨恨。」如今寡人该怨恨了。』

太叔仪说：『我知道罪过了。我没有才能，不能备上马笼头和马缰绳跟随君王保护财物，这是我的第一条罪状。有人逃奔国外，有人留守国内，我不能三心二意，在国内外传递消息来侍奉君主，这是我的第二条罪状。有两条罪状，岂敢忘记一死？』于是出走，打算从近处的边关出国，卫献公派人阻止了他。

卫国人进攻戚地东部边境，孙林父向晋国投诉，晋国派兵把守茅氏这个地方。勇士殖绰攻打茅氏，杀死晋国戍守的三百人。孙蒯追赶殖绰，但不敢攻击。孙林父说：『你连恶鬼都不如。』于是孙蒯就追击卫军，在圉地打败了他们，孙氏家臣雍钮俘虏了殖绰。孙林父再次向晋国投诉。

晋国为了孙林父的投诉，召集诸侯，打算讨伐卫国。六月，晋卿赵武与鲁襄公、宋大夫向戌、郑大夫良霄、曹国人在澶渊会盟，商量讨伐卫国的事。卫献公也带着宁喜等人去了，结果晋国人将宁喜、北宫遗先抓了起来，把他们先带回晋国。卫献公接着又到晋国，晋国人把他也抓住了，囚禁在掌管刑狱的大夫士弱家里。

七月，齐景公、郑简公为了卫献公的事去晋国。晋平公设享礼招待他们二人，平公赋《嘉乐》这首诗称赞他们。国弱担任齐景公的相礼，赋了《蓼萧》这首诗；子展担任郑简公的相礼，赋了《缁衣》这首诗，他们都有求情的意思。叔向告诉晋平公向两位国君下拜，说：『寡君拜谢齐国国君安定我国先君的宗庙，拜谢郑国国君对我们没有二心。』

国弱派晏婴私下对叔向说：『晋国国君在诸侯之中宣扬明德，为他们的忧患而操心，并补正他们的缺失，纠正他们的违礼，治理他们的动乱，因此才能担任盟主。现在为了臣子而抓了国君，怎么办？』

叔向转诉给赵武，赵武又把这些话报告给晋平公。晋平公还是不想放卫献公，就举出卫献公的罪过，派叔向告诉两位国君。国弱赋《辔之柔矣》这首诗，劝平公待人以柔；子展赋《将仲子兮》这首诗，告诉平公人言可畏。晋平公听了之后，终于同意让卫献公回国了。

【品读】

得饶人处且饶人，就是有理也只用三分。饶人不是模糊是非、放弃原则的浑浑噩噩，而是在是非已经分清的前提下的宽恕和容忍，那就是要找准一个点：得饶人处且饶人。饶人对方就是接纳对方，就是把自己解脱出来。在不少人眼里，饶恕犯错的人被认为是纵容，不知饶恕是更高层次的警示。

## 一〇、蔡声子复伍举

当初，楚国的伍参和蔡国的太师子朝相友好，他的儿子伍举（伍子胥的祖父）和子朝的儿子声子关系也很好。伍举娶了申地大夫王子牟的女儿。王子牟获罪逃亡，楚国人举报说：『伍举的确护送了他。』于是伍举逃亡到郑国，打算乘机再到晋国。声子打算去晋国，在郑国的郊外碰到伍举。他们把草铺到地上，一起吃东西，谈到回楚国的事情。声子说：『你走吧，我一定让你回去。』

鲁襄公二十六年，宋国的向戌打算促成晋国和楚国的和平。声子为此出使到晋国，返回时去了楚国。楚令尹子木和他谈话，询问晋国的事情，而且问：『晋国的大夫和楚国的大夫谁更贤明？』

声子回答说：『晋国的大夫不如楚国的大夫。楚国的大夫都很贤明，都是当卿的人才。就像杞木、梓木、皮革都是楚国产，从楚国运出去的。虽然楚国有人才，但这些人才却往往被晋国所用。』

子木说：『难道晋国任用人才不讲究宗族和姻亲关系吗？』

声子回答说：『有，但虽然有，任用的楚国人才还是很多。我听说，善于治理国家的，赏赐不过分，刑罚不乱用。赏赐过分，就怕及于坏人；刑罚乱用，就怕及于好人。如果不幸而有了不当，宁可赏赐过分，也不要刑罚滥用。与其失掉好人，宁可便宜了坏人。因为没有了好人，国家就要跟着受害了。《诗经》中说：「这个人不在了，是国家的损失啊。」这就是说没有好人了。所以《夏书》说：「与其杀害无辜，宁可放过做了坏事的人。」这也是怕失掉好人。《商颂》有这样的话：「不过分，不滥用，不敢懈怠偷懒。向下面的国家发布命令，大大地建立他们的福利。」这就是汤所以获得上天保佑的原因。

『古代管理百姓的人，乐于赏赐，而惧怕动用刑罚，为百姓操心而不知疲倦。在春夏行赏，在秋冬行刑。

因此，在将要行赏的时候，他就会增加膳食，这样用膳后就可以把剩下的菜赏赐给下人，所以知道他乐于赏赐。将要施加刑罚的时候，就撤去丰盛的饮食，这样用膳时也就可以撤去音乐了，因此知道他惧怕动用刑罚。早起晚睡，不论早晨还是黄昏都亲临办理国事，因此知道他为百姓操心。这三件事情，是礼仪的大关键。有了礼仪，国家就不会败坏。

『现在楚国滥用刑罚，楚国的大夫为了活命逃亡到其他的国家，而成为那里的主要谋士，结果反过来危害楚国，乃至造成无法挽回的损失，这就是我所说的楚国不善于任用他们的人才。子仪叛乱时（鲁文公十四年），析公逃亡到晋国，晋国人把他安置在晋侯的战车后面，让他担任主要谋士。绕角战役（鲁成公六年）中，晋国人本来要逃走了，析公说：「楚军轻浮，容易被撼动。如果同时敲击许多大鼓，发出大声，在夜里全军合攻，楚军必败。」晋国人听从了，楚军夜里果然溃败。晋国接着进攻蔡国，袭击沈国，俘虏了沈国的国君，在桑隧击败申国和息国的军队，俘虏了申丽而后回国。以致郑国在那时不敢顺从南方的楚国，楚国失去中原，就是因为析公的缘故。

『雍子的父亲和哥哥诬陷雍子，国君和大夫们不为他们调解。雍子逃亡到晋国，晋国人封给他领地，让他作为主要谋士。彭城那次战役（鲁成公十八年），晋、楚两军在靡角之谷相遇，晋国人将要逃走时，雍子对军队发布命令说：「年纪老的和年纪小的都回去，孤儿和有病的都回去，兄弟两个当兵的回去一个，精选步兵，检阅车兵，喂饱战马，饱餐士卒，摆开阵势，烧掉帐篷，准备明天决战。」然后让该回家的出发，并且故意放走楚国俘虏。楚军听说后，夜里自己就崩溃了。晋国允许彭城投降，归还给了宋国，带了逃亡的宋大夫鱼石等人回国。楚国失去东夷，子辛为此而死，这就是因为雍子的缘故。

『子反与申公巫臣争夺夏姬，破坏申公巫臣的婚事。申公巫臣逃亡晋国，晋国人封给他领地，让他作为主要谋士，抵御北狄，让吴国和晋国通好，劝导吴国背叛楚国，教他们坐车、射箭、奔驰作战，让他的儿子狐庸做了吴国的外交官。吴国在那时候攻打巢地，占领驾地，攻克棘地，攻入州来，让楚国疲于奔命，至今仍然是大祸患，这就是申公巫臣做的。

『若敖氏叛乱的时候，伯贲的儿子贲皇逃亡到晋国，晋国人给他苗邑作为封邑，让他担任主要谋士。鄢陵之战（鲁成公十六年）中，楚军早晨逼近晋军摆开阵势，晋国人打算逃走，苗贲皇说：「楚军的精锐在于他们中军的王族而已，如果填井、平灶，摆开阵势以抵挡他们，栾书、士燮率领各自的家兵引诱楚军，左右两军的荀偃和郤锜、郤至一定能够战胜子重、子辛，然后我们就把四军集中起来对付他们中军的王族，一定能够把他们打得大败。」晋国人听从了，结果楚军大败，楚王受伤，军队一蹶不振，子反为此而死。接着郑国背叛，吴国兴起，楚国失去诸侯。这就是苗贲皇所做的。』

子木听完这番话，说：『这些都是事实。』

声子说：『现在又有比这还厉害的。伍举娶了王子牟的女儿，王子牟有罪逃亡，国君和大夫们对伍举说：「实在是你护送他走的。」伍举因为害怕而逃亡郑国，伸长了脖子看着南方说：「国君也许可以赦免我。」但是楚国也不把他放在心上。现在他在晋国了，晋国人将要把县邑封给他，让他和叔向并列。他如果策划危害楚国，岂不成为祸患？』子木听了很害怕，就对楚王说了，增加伍举的官禄爵位，让他回到楚国。声子派伍举的儿子椒鸣前去迎接他。

【品读】

人生的道路注定不会是平坦的，有时会遇到难以克服的困难和挫折，在这种情况下，你也完全没有必要一条道走到黑，你不妨想着迂回一下，放松自己，积蓄力量，等待情绪稳定了，心理平衡了，理智恢复了，说不定还是会找到捷径。迂回是前进的新起点，不是弱者的表现，相反，在逆境中不懂得迂回而拼命蛮干，才是脆弱的表现。

## 一一、大夫会于虢

鲁昭公元年春，晋国的赵武、楚国的公子围、齐国国弱、宋国向戌、卫国齐恶、陈国公子招、蔡国公孙归生、郑国子皮、许国人、曹国人在郑国的虢地会盟，重申了他们五年前在宋国订立的弭兵之约。公子围刚刚在郑国都城娶了妻子，紧接着就来参加盟会。

晋国祁午对赵武说：『五年前宋国的盟会，楚国人在仪式问题上占了晋国的便宜。如今的令尹公子围不守信用，是诸侯都知道的。你如果没有准备，我担心又会像在宋国的盟会上那样被他们占了便宜。那时，楚国的令尹子木是以守信用闻名于诸侯的，他尚且还能欺骗晋国，在衣服里面穿上皮甲，歃血时又凌驾于晋国之上，何况这个以不守信用闻名的公子围呢？如果楚国再一次占先，那将是晋国的耻辱啊。

『阁下掌握晋国的大权，让我们国家成为盟主，到现在已经七年了！在这段时间里，晋国两次会合诸侯，三次会合大夫，征服了齐国和狄国，安定了东夏，平定了秦国的侵扰，修建了淳于城，同时又没有让军队过于疲累，国家也没有荒废政事，百姓没有怨言，诸侯没有反对，上天没有降下大的灾难，这都是你的功劳啊。你已经有了这样的美名，若最后在外交上败给楚国而蒙受耻辱，这正是我最替你担心的。你不可以不警惕啊！』

赵武说：『我感谢你的建议。但是在宋国的盟会上，子木有害人之心，而我有仁人之心，所以楚国才能够凌驾在晋国之上。现在我的仁心还是没有改变，楚国想再次凌驾于我们之上，并不能对我们造成危害。我将以信义为本，遵守这样的原则办事。这就好像是一个农夫，只要他能够坚持不懈地除草插秧，即使有饥馑的时候，最终还是会获得丰收。而且我还听说：「不背弃信义的人，就不会居于别人之下。」恐怕我还没有完全做到这一点。《诗经》上说：「不背信弃义，不为非作歹，将成为做人的典范。」确实是这样的啊。能做他人典范的人，是不会居于人下的。我不能不守信义，楚国不足以成为我们的祸患。』

公子围担心这一次晋国会想办法争先，于是请求杀了牲畜作为牺牲后，就把五年前的盟约拿来宣读，然后放在牺牲上献给神灵。晋国人答应了。

三月二十五日，各国大夫举行了结盟仪式。公子围使用了君王的服饰器物，安排了成对的卫士。看到这种情况，郑国的叔孙豹说：『楚公子围很有派头嘛，将要成为君主了吧！』

子皮说：『还有两个执戈的人站在前面！』

蔡国的子家说：『他在楚国时，就住到楚王的离宫蒲宫里，前面也站两个执戈的卫士，现在有什么不可以呢？』

楚国的伯州犁听了，连忙解释说：『这一套装束，是我们离开的时候他向我们君王借来的。』

郑国的公孙挥讽刺他说：『借了恐怕就不会还回去了吧？』

伯州犁反唇相讥：『你还是为你们的子皙将要反叛作乱操心吧！』

公孙挥说：『贵国的君主还健在，公子围如果借了君王的装束不还，你能不担忧吗？』

国弱在一旁说：『我是真的替公子围和伯州犁这两人的命运担忧啊！』

公子招说：『没有忧患，怎么可以做成大事？有忧患倒是一件好事情。如今公子围和伯州犁不知道担忧，反而很高兴，这才值得担忧。』

齐恶说：『如果他们能够事先明白，早做准备，即使有忧患又有什么关系呢？』

向戌说：『大国发出命令，小国只有恭敬听从。我们只管恭敬就是了。』

晋国的乐王鲋最懂得明哲保身之道，他见大夫们公开讥评，不亦乐乎，就不以为然地说：『《诗经》中《小曼》的最末一章说得好，我还是照那样去做。』《诗经·小曼》的最末一章说的是：『战战兢兢，如临深渊，如履薄冰。』

盟会结束后，公孙挥对子皮说：『叔孙豹的话恰当而委婉，向戌的话简洁而合乎礼节，乐王鲋的话谨慎而恭敬，你与子家的话很有分寸，你们都是能够安邦济世的栋梁之臣啊。齐国、卫国、陈国的大夫们，恐怕将来逃不过祸难吧？国弱只知道为别人担忧，公子招以忧患为乐，齐恶认为即使有忧患也没有什么关系。只知担忧别人不知担忧自己，应该担忧反而高兴，与认为担忧没有什么害处的人，都是会惹来忧患的吧？《大誓》中说：「人所希望的，上天必然将赐给他们。」这三个大夫已经显露出忧患的兆头，忧患能不降临吗？通过人说的话来预测事情的发展，说的就是这个意思啊。』

公孙挥这段话被记载在《左传》里，但客观地看，国弱、公子招、齐恶的话其实都是相当中肯的，只是都被公孙挥曲解了，公子招的话被曲解得尤其厉害；乐王鲋是老奸巨猾得出了名的，他在乱世或能自保，但说到安邦济世，对时代做出贡献，也许就说不上了。可见，想通过别人的片言只语，对人进行评判，对未来做出预测，恐怕也并不是件容易的事。

【品读】

每个生命的诞生和成长都伴随着忧患，童年时忧患成长的艰辛，青年时忧患事业的成败，中年时忧患子女的幸福，老年时忧患疾病缠身，有些忧患成了事实，但是因为忧患，很多可能出现的忧患被扼杀在摇篮中。况且，草木经过霜雪，生机才显得可贵，人经过磨难，才会更珍惜人生。

## 一二、子晳、子南争妻

郑国徐吾犯的妹妹非常漂亮，本来已经由子南聘作未婚妻，但是子晳又派人硬是送去了聘礼。徐吾犯很害怕，把这件事告诉了子产。子产说：『这是因为国家的政治混乱，不是你的过错啊。你不必忧虑，还是看你妹妹的意愿，她愿意嫁给谁就嫁给谁吧。』

于是徐吾犯便向子晳和子南请求，让他的妹妹自己挑选丈夫，两个人都答应了。子晳穿着华丽的衣服来到徐吾犯家，把礼品陈列在堂上，然后就出去了。子南则穿着戎服到来，左右开弓射了两箭，然后飞身跃上马车走了。徐吾犯的妹妹从房里观察后说：『子晳确实是长得很好看，但子南有大丈夫气概。丈夫就要有丈夫的样子，妻子就要有妻子的样子，这才叫作顺理成章啊。』于是嫁给了子南。

子晳很生气，不久以后就穿着铠甲去见子南，想要杀掉他，抢夺他的妻子。子南知道了，抽出戈来追赶他。追上以后，就用戈打他，把子晳打伤了。子晳受伤回来，告诉大夫们说：『我好心去见子南，没想到他会有这样的坏心眼儿，所以才受了伤啊。』

大夫们都聚在一起商量这件事该怎么办。子产说：『两个人的罪过差不多。在这种情况下，应该是年纪小地位低的人不对，所以错在子南。』

于是把子南叫来，数落他的罪状，说：『国家的大规矩有五条，你都触犯了，敬畏君主的威严，服从国家的命令，尊重地位高的人，侍奉年纪长的人，供养自己的亲人。这五条是我们用来治理国家的原则。现在君王在国都，你却使用兵器，是不敬畏君主的威严。违反了国家的法纪，是不服从国家的命令。子晳是上大夫，而你是下大夫，却不肯对他谦让，是不尊重地位高的人。你年纪小而不恭敬，是不尊重年长的人。你用武器追打你的堂兄，是不供养你的亲人，君王说：「我不忍心杀了你，就赦免你的死罪，把你流放到远方去吧。」你好自为之，尽量快点走吧，不要再加重你的罪过！』

鲁昭公元年的五月初二，郑国把子南流放到吴国。即将准备快要让子南动身时，子产又去询问了游吉的意见。游吉是子南哥哥的儿子，但却是游氏的家长，所以子产向他询问。游吉说：『我尚且不能保全自己，怎么能够保护我的亲族呢？况且流放子南，也是你根据国家的法律决定的，并不是你私下里为难他。如果你这样做是为郑国的利益考虑，就照有利于国家的方向去做吧，有什么可犹豫的？以前周公杀死管叔，流放蔡叔，难道是他不爱惜他们吗？这都是为了整个周王室的利益考虑呀。即使我犯了罪，你也要按照这样的规矩来处理，何必顾虑我们游氏的想法？』

六月初九，因为子南的缘故，郑简公和他的大夫们在公孙段家里盟誓。郑国六卿子皮、子产、公孙段、印段、游吉、驷带又在郑国都城的大门之外订立了盟约，子皙也一定要参与结盟，而且还让太史写下他的名字，称为『七子』（本来郑国是六卿，子皙硬要加入，所以称七子），子产也没有追究。

【品读】

个人价值，要通过他扮演的社会角色来实现。适合某人穿的鞋，让另一个人穿可能会痛苦不堪，适合别人的生活方式，可能让你备受折磨，要找准自己的人生定位，不要盲从，选择适合自己的人生角色，才能享受角色带来的快乐。

## 一三、公子围篡弑

楚国于鲁襄公二十九年四月安葬楚康王，鲁襄公、陈哀公、郑简公、许男都参加了送葬仪式，但是只送到楚都西门之外，各国大夫们则一直送到墓地。随后，楚康王的儿子郏敖即位，康王的弟弟公子围担任令尹一职。郑国外交官公孙挥说：『这样的安排很不合适，令尹必将代替郏敖而昌盛。因为在松柏之下，野草是难以茂盛的。』

次年正月，楚王郏敖因为刚刚即位，派薳罢来鲁国聘问。叔孙豹向薳罢问起公子围的执政情况，薳罢回答说：『我们这些下属为了吃饱饭而听别人使唤，即便这样，还担心不能完成任务，而不能免于惩处，哪里还敢过问国家大事？』后来，即使叔孙豹再怎么问他，他也始终不回答。之后，叔孙豹对大夫们说：『楚国的令尹可能会发动政变，薳罢将会参与并帮助他。他现在很明显是在掩饰实情。』

鲁襄公三十年，楚国的大司马蔿掩被公子围杀害，家产被侵占。申无宇说：『公子围肯定免不了祸难。

好的人才是国家的栋梁，公子围担任楚国的辅佐之职，应当把培养人才放在第一位，但他却恶待他们，这就等于是在危害国家。再说司马本是令尹的助手，君王的手足，如今他砍断国家的栋梁，铲除自己的助手，斩断君王的手足，而给国家带来危害，再没有比这更大的不祥了。他怎么能免于祸难呢？』

鲁襄公三十一年冬，北宫文子在陪伴卫襄公去楚国访问时，见到公子围的威仪，于是对卫襄公说：『如今令尹就像一位国君了，他一定会产生别的想法。但即使他的野心能得到满足，也不能够善终。《诗经》中说：「事情都有个开头，但很少能有个结果。」想要有个好结果是很难的，令尹恐怕不能免于祸难。』

鲁昭公元年，公子围与各诸侯国大夫在郑国的虢地举行会盟之后，设宴招待晋执政赵武，并吟诵了《大雅·大明》的第一章，赵武吟诵了《小雅·小宛》的第二章。宴会结束后，赵武对叔向说：『看来公子围要取代楚王了，怎么办呢？』

叔向回答说：『楚王懦弱，令尹强硬，当然可以取而代之！虽然这样，他也不会有好结果的。』

赵武问：『为什么呢？』

叔向回答说：『以强凌弱，而且还心安理得，这是一种不合道义的强大，不合道义而强大，他的灭亡很快就会到来的。《诗经》中说：「这样强大的西周，却因为褒姒而灭亡。」这就是强大而不合道义的后果啊。』

接着叔向又说：『等公子围做了楚王，必定会谋求诸侯的拥护。而晋国已经有点衰弱了，诸侯必定会归附楚国。楚国得到了诸侯的拥护，他的暴虐就会变本加厉。等到百姓不堪忍受的时候，公子围又怎么可能得到善终呢？他用强力夺得王位，依靠不义取得成功，那么他一定会把这些当成正确的道路而继续走下去。

把放纵暴虐当作正确的道路，当然是不可能长久的。』

当年秋，公子围派公子黑肱、伯州犁在靠近郑国的犨、栎、郏三个地方修筑城池，郑国人感到害怕。子产说：『没有关系的，这是令尹打算造反了，而先用这种方法除掉这两个人。祸乱不会牵连郑国，有什么好担心的？』

鲁昭公元年冬天，公子围将要到郑国聘问，伍举担任他的副手。还没有走出国境，就听说楚王生病，于是就返回了，由伍举代替他出使郑国。

十一月初四，公子围赶到郢都，进入宫内探问楚王的病情，乘机把楚王勒死了，并且杀掉了楚王的两个儿子幕和平夏。右尹子干逃亡到晋国。宫厩尹子皙逃亡到郑国。公子围又在郏地杀掉太宰伯州犁，把楚王埋葬在郏地，没有给他谥号，而称之为郏敖。

公子围派使者到郑国报告这件事，伍举问使者如果郑国问起新君之事该如何回答。使者说：『就说是我们的大夫公子围。』伍举纠正他说：『你应该说，楚共王的儿子中以公子围最为年长！』

公子围即位，是为楚灵王。并任命薳罢为令尹，薳启强为太宰。楚灵王在位十二年，最后因蔡人叛乱，自己的太子被杀，弟弟又在一旁伺机夺位，陷入绝境而上吊自杀。

【品读】

以其人之道，还治其人之身，你对付别人的方式，往往成为别人对付你的一个模板，很多复仇者都喜欢用自己受害方式来实施报复。因此，冤冤相反，永无休止。对人应该多一份善意和微笑，不要把人与人之间的关系建立在仇恨的土壤之中。

## 一四、秦后子适晋

秦桓公的儿子后子，是秦景公的同母弟弟，名针，很得秦桓公的喜爱。在秦景公继位以后，他的权势已经大到可以和君王匹敌的地步了。他的母亲说：『你如果还不离开的话，恐怕会有灾祸。』鲁昭公元年五月，后子前往晋国，随行的车辆有一千辆之多。

后子设宴招待晋平公，在黄河里用船架设了浮桥，每隔十里就准备车辆，一直从秦国都城雍城摆到晋国都城绛城。后子用九献之礼招待晋平公，从开始到结束，为了运送后八献的酬币，车马在两国的都城之间往返了八次。

司马侯问后子：『你的车子，就都在这里了吗？』后子回答说：『这就够多的了！如果我的车子再少一些，我又怎么会跑来晋国，见到你们的君王呢？』于是，司马侯把这件事情告诉晋平公，并且说，『后子一定能回去的。我听说，一个人如果能知道自己的过错，就一定会有好的前程。这好的前程，是能够得到上天的帮助的。』

后子去见赵武，赵武问：『你什么时候可以回去？』

后子回答说：『我害怕在我们国君那里获罪，所以才会逃来这里。我准备等新的国君继位以后再回去。』

赵武问：『秦景公现在怎么样？』

后子回答说：『暴虐无道。』

赵武问：『秦国会不会灭亡呢？』

后子回答说：『怎么会呢？只是一个君王无道，国家还不至于陷入绝境。国家建立在天地间，必然会有能辅佐君王的臣子出现。如果不是连续几代都荒淫无道的话，是不可能灭亡的。』

赵武问：『那么秦景公会短命吗？』

后子回答说：『是的。』

赵武问：『还能活几年呢？』

后子回答说：『我听说，国家无道而能年谷丰收，那是老天在帮助他。所以他应该还可以维持五年。』

赵武看着地上的影子说：『人活在世上朝不保夕，谁能够等待五年呢？』

后子出来，对别人说：『赵武快要死了。主持国家大政，却感慨时间的流逝，为自己活不了多久而担心。他恐怕支持不了多久了。』果不其然，当年年底，赵武就去世了。

这一年，楚国的公子围弑君自立，楚右尹子干逃亡到晋国时，只有五辆车子随行。叔向让他和秦公子后子享受一样的待遇，都是足够养活一百人的食禄。赵武说：『秦国的公子富。』认为两人贫富不同，楚公子不应享受与后子一样的待遇。

叔向说：『确定一个人的待遇，要根据他的品德；如果两人品德相当，就根据年龄；如果年龄也相同，就根据地位。对逃亡到晋国的公子，要根据他们国家的大小，而不是根据他们的贫富来决定待遇。再说秦国的公子带着一千辆车离开他的国家，可以说极其强大了。《诗经》中说：「不欺负鳏寡，不畏惧强大。」既然如此，秦国和楚国大小相当，他们的待遇也应该相当。』于是让后子和子干享受同样的待遇。

后子听说后，认为自己不该享受与子干一样的待遇，推辞说：『我是因为畏惧获罪，楚公子是因为身遭不幸，所以我们都来到这里，一切听从你的安排。再说我已经在晋国做官，是晋国的臣子，而楚公子是这里的客人。我们享受同样的待遇，怎么可以呢？《史佚》中不是说：「我不是客人，你为什么要客气？」』

鲁昭公五年，秦景公去世，景公子哀公继位。因为景公已死，后子就回到了秦国。

【品读】

木秀于林，风必摧之。做人不能锋芒毕露，凡事当留有余地，使人家感到需要你，却不受到你的威慑。不得已时，还要躲避别人的锋芒。要做到这一点，有时就需要装『傻』了，明明知道别人不如自己，还去向他请教，明明自己懂得很多，但把它埋藏在心底；明明是自己做的事情，也要把功劳推到他人身上去。这样做的好处是免遭妒忌，韬光养晦，能获得更大的利益。

## 一五、齐晏婴使晋

鲁昭公三年春，齐国的女子少姜（齐庄公之女，嫁给晋平公）刚刚嫁给晋平公一年之后就死了，齐景公为了保持与晋国的姻亲关系，就派晏婴出使晋国，请求再嫁一个女子给晋平公，来接少姜的班。

晏婴来到晋国对晋国负责此事的人说：『我们国君派我来对你们的君王说：「我愿意侍奉君王，朝夕不知倦怠；我愿意奉上贡赋，不错过约好的时间。然而国家多难，所以我不能亲自前来。我们本有一位先君的嫡女嫁给君王，希望借此来光耀我的名望，可惜她又没有福气，早早地去世了，让我非常遗憾。如果君王不忘先君的旧好，肯照顾我们齐国，不嫌弃我无能，使我得以托福于太公和丁公，继续保佑齐国，帮助齐国安定社稷，那么我们还有先君的嫡女，以及庶出的女儿若干人。君王若不嫌弃的话，就请再派一个使者光临敝邑，慎重挑选一个，作为君王的姬妾。这正是我的愿望。」』

晋国的韩起派叔向回答说：『这也正是我们国君的愿望啊。我们国君不能独自承担国家社稷的重任，就是因为没有正式的夫人。只是因为目前还在服丧期间，所以我们才没有敢对贵国有所请求。既然承蒙君王有这样的命令，是我们晋国莫大的荣幸。如果君主能这样照顾我们，安抚我们晋国，赐给我们一位夫人的话，那就不仅仅是我们的君王、我们这些臣子感到无比荣幸，就连自唐叔以下的晋国历代祖先，也都会为这件事感到高兴的。』

于是订立婚约。之后，晏婴接受了晋国的招待。叔向陪着晏婴吃饭，边吃饭边交谈。叔向问：『齐国现在怎么样了？』

晏婴回答说：『现在已经是齐国的末世了。我不能保证，将来齐国会不会变成陈氏的国家。齐国君王不爱惜他的百姓，而百姓也就都归附了陈氏。齐国旧有的四种量具，豆、区、釜、钟，四升为一豆，四豆为一区，四区为一釜，然后十釜为一钟。可是陈氏的量具，前面三种都是逢五进一的，所以陈氏的一钟就比齐国旧有的一钟大很多了。他们用自己的量具借粮食给老百姓，而用旧有的量具收贷。山里的木材运到市场上，并不比山里的价格高。鱼、盐、蛤蜊，价格也不比海边更贵。而齐国的老百姓一年的劳动成果，三分之二交给国家，只有三分之一留着自己生活。君主贮存的东西都腐朽蛀烂了，可老百姓即使上了年纪也还饥寒交迫。在国家的市场上，鞋子很便宜，但假腿却因为被砍脚的人太多而变贵，可见刑罚有多么严重！要知道，当老百姓处在痛苦或疾病中时，只要有人能够安抚他们，他们就会非常感激，并且像对待父母一样地爱戴他，如同流水一般的归附他，想要让他不获得民心，又有什么办法呢？现在恐怕陈氏的祖先箕伯、直柄、虞遂、伯戏，以及最先被封在陈地的胡公、大姬等人，他们的神灵恐怕已经聚集到齐国，等到享受陈氏的祭祀了。』

叔向说：『是这样啊，其实，即使是我们晋国，现在也是处于末世了。战马不再驾车出征，卿族不再率领公室军队，公室的车辆已没有卿族侍卫，军队中也没有称职的将官。百姓贫穷困顿，而宫室却越来越奢侈。路上随处都有饿死的人，但宠臣家里的财富却多得装也装不下。百姓听到君王的命令，就像躲避敌军那样避之唯恐不及。就连过去的卿大夫栾、郤、胥、原、狐、续、庆、伯八家的子孙，也都沦落成了卑贱的皂、隶。政权落在韩、赵等大夫私人手里，而百姓却不知该依靠谁。君王不知悔改，整天沉溺在乐舞中，以排解忧患。公室如此衰弱，不知道还会持续到什么时候？』

晏婴说：『那么你准备怎么办？』

叔向回答说：『晋国的公族已经没有了。我听说，公室将要衰微，其宗族就会像树上的枝叶一样先落下来，然后公室也会随之陨落。我们「叔」这一族，本来共有十一个家族，现在也只剩下我这羊舌氏一族而已。且，我又没有儿子，公室又没有法度，如果能得善终就已经心满意足了，哪里还希望享受祭祀呢？』

夏天，晋国派韩起到齐国为晋平公迎娶夫人。齐国的公孙虿因为少姜曾经受过晋平公宠爱，他想得到这样的荣宠，于是，就用他的女儿代替齐景公的女儿嫁给晋平公。有人告诉韩起说：『公孙虿欺骗了晋国，晋国怎么可以忍受这样的事呢？』

韩起回答说：『我们这次来，本来就是为了和齐国搞好关系，如果因此反而疏远了齐国的宠臣，那以后还怎么跟齐国搞好关系？』

【品读】

鬼谷子认为，一个国家对民众最重要的是要守信用，刑罚时，最重要的是公正。处罚与赏赐都要信守公正，而齐国却因为严刑峻法而导致市场上鞋子卖得很贱，假肢卖得很贵，这是因为被砍掉脚的人太多，由此可见，齐国的社会秩序到了即将崩溃的边缘。

齐国和晋国两个大国之间看似通婚，但实际上却是一桩龌龊的政治交易，无论是齐国还是晋国，两个国家都是各怀心事。齐国的大夫和晋国的大夫都对自己未来的命运担忧，晋国即使是知道了从齐国娶来的女子并不是国君的女儿，也宁愿睁一只眼、闭一只眼，不去计较。由此可以证明，两个国家都失去了诚信的基础，所以国家也到了危机的时刻。

## 一六、楚灵王欲辱晋

鲁昭公五年，晋卿韩起送晋平公的女儿去楚国完婚，叔向担任副使。路过郑国时，郑国的子皮、游吉在索氏慰劳他们。

游吉对叔向说：『楚王骄纵放肆，实在是太过分了，你一定要存有戒心，小心为上。』

叔向回答说：『楚王骄纵无度，是他自己的灾祸，怎么会危害到别人呢？我只要奉上我的贡礼，谨慎地保持我的威仪，恪守我们的信用，遵守外交的礼节，自始至终保持对君王的尊敬，这样的做法即使到将来也是能行之有效的。顺从而不丧失分寸，恭敬而不丧失身份，以前贤的话语作为行动指南，遵循传统的准则，参考先王的事迹，衡量晋、楚两国的现状和利害得失，如果做到这些，即使楚王再骄纵无度，又能够把我怎么样呢？』

韩起、叔向到达楚国。楚灵王召集楚国大夫上朝，说：『晋国是寡人的仇敌，如果我们能够满足报仇的愿望，便可以什么都不考虑。现在晋国派来的使臣，分别是上卿和上大夫。我如果把韩起的双脚砍掉，让他当看门的小官；把叔向处以宫刑，让他做内宫太监。这样做就足以达到侮辱晋国的目的，并且满足了我报仇的愿望。你们说可以这样做吗？』

群臣听了，没有人回答。这时薳启强说：『可以。只要君王有所准备，有什么不可以的呢？不过连羞辱一个普通老百姓都不能没有准备，何况要羞辱一个国家？因此圣王都特别重视礼仪，不把羞辱他人当作自己的目的。朝聘时有玉硅，享宴时有玉璋。小国家有述职方面的礼仪，大国家有巡守方面的制度。主人摆了案几而不去倚靠，酒爵里斟满了酒而不饮，宴饮时为宾客准备有价值的礼物，吃饭时为宾客添加特别的好菜，有人来访则在都城郊外迎接慰劳，宾客回国时则赠送钱财礼物，这些都是礼仪的最高表现。』

『国家的衰败，就是因为忽视了礼仪，忽视了礼仪，祸乱就因此而产生。城濮之战时，晋国战胜了楚国，于是对楚国不再戒备，以致后来在邲之战中被楚国打败。邲之战中楚国大败晋国，从此对晋国也不再防备，以致后来又在鄢陵被晋国打败。鄢陵之战后，晋国注意加强防范，对楚国以礼相待，并改善与楚国的关系，因而使得楚国不能进行报复，反而努力建立与晋国的友好关系。如今晋、楚两国已经结成姻亲，而君王您又想羞辱晋国，这是自己树立敌人的行为，即使已经有所准备又有什么用？谁又能承担如此的重任？如果有人能够承担这样的重任，能够替君王您收拾未来的局面，那么您羞辱一下晋国也是可以的；如果没有人能够承担的话，那就要请君王您仔细考虑一下了。

『晋国侍奉君王您，臣认为也算可以了。您要求晋国让诸侯参加会盟，于是诸侯就全都被您召集到这里。您向晋国求婚，晋国便把平公之女送来，而且晋平公亲自为女儿送行，并由晋国的上卿和上大夫陪伴而来。如果这样您还想羞辱他们的话，那么您就一定要有所准备才行，否则后果将会不堪设想。

『当今晋国的臣子，卿自韩起以下，还有赵成、中行吴、魏舒、范鞅、知盈；大夫自叔向以下，还有祁午、张超、籍谈、女齐、梁丙、张骼、辅跞、苗贲皇，他们都是诸侯应该选拔的良臣。韩襄担任公族大夫，韩起的儿子韩须也受命出使在外，而箕襄、邢带、叔禽、叔椒、子羽，他们也都是大家族出生的。韩家拥有的七座城邑，都是拥有众多兵马的大县；羊舌氏的伯华、叔向、叔鱼、叔虎四家，都是兵强马壮的豪族。

『如果君王您这次真的侮辱了晋国，那么晋国失去韩起和叔向之后，将会由五位卿、八位大夫辅佐韩须、杨石（叔向之子），凭借他们十家九县、九百辆兵车的力量，还有其余四十县共计四千辆兵车留守国内，激励起将士的英勇和愤怒，来洗雪楚国的羞辱之仇。叔向的哥哥伯华将为他们出谋划策，中行吴和魏舒统帅军队，那么是不会不成功的。这样一来，君主您要把亲善友好的姻亲关系，换成楚、晋两国的仇恨，那就确实是以不合礼仪的行为给自己招来仇敌，而且还没有足够的准备，把我们这些大臣们送去敌人的虎口而被俘，以便满足君主您的愿望，又有什么不可以的呢？』

楚灵王说：『这是寡人的过错，您不用再说啦！』于是楚灵王对韩起格外礼遇。灵王本来还想问叔向一些他不懂的事，好让他出丑，结果却因叔向博学而未能达到目的，于是又对叔向厚加礼遇。

【品读】

鬼谷子认为：『作为人主必须广泛了解外界事物，如不能这样，那么就容易发生社会骚乱，世间鸦雀无声是不正常的，内外没有交往，怎么能知道世界的变化！开放与封闭不适当，就无法发现事物的善恶。』

当晋卿韩起送晋平公的女儿去楚国完婚的时候，路过郑国，郑国的士大夫也在为晋国使者的命运担忧，由此可见，楚灵王的恶名已经远播。当然，楚灵王本人也是一个非常昏聩而又残暴的人，他准备羞辱晋国的使者来发泄自己对晋国的愤恨。幸好在他的手下还有充满智慧的大臣薳启强。当楚灵王提出了一个非常荒谬的决定时，薳启强先是表示顺从他的决定，然后又分析了楚王如果这样做的严重后果，及时地制止了楚灵王的愚蠢行为，将一场可能发生的战争消灭在萌芽中。如此防患于未然更胜过百万雄兵。

## 一七、屠蒯酌酒进谏

鲁昭公九年，晋国的荀盈去齐国为自己迎娶妻子。六月，在回来的途中，死于戏阳。晋人在绛地将他入殓，但是还没有举行葬礼。当时晋国公室衰微，卿族专权，晋平公见荀盈死了很高兴，饮酒作乐，并让乐工奏乐助兴。

主管膳食的屠蒯快步上前，请求平公让他斟酒，平公答应了。屠蒯给师旷斟满一酒爵酒，说：『你是君王的耳朵，负责帮君王听得更加清楚。殷纣王死在甲子日，夏桀王死在乙卯日，这两天是忌日，国君应戒除酒宴，撤掉音乐，连学习音乐的人也要暂时停下来，就是因为忌讳这两个日子。

『君王的辅佐大臣，就像是君王的手足。手足受到了伤害，难道不是非常让人痛苦的事吗？现在荀盈去世，你却没有帮助君王听到这样的消息，仍旧演奏音乐，那么你这个耳朵是不中用了啊。』

然后，屠蒯又为大夫嬖叔斟酒，并对他说：『你是君王的眼睛，负责帮助君王看得更加明白。君王的服用是要表现礼仪的，礼仪是要用来做事的，事情是有不同的类别的，不同的类别是会表现在人的神情上的。如今辅佐大臣死了，君王却很高兴，他的神情与所发生的事情不相符合，而你没有看见，说明你这个眼睛是不中用了啊。』

接着，屠蒯又为自己斟了一杯酒，然后说：『味道是可以让气血运行的，气血可以充实心志，心志可以表现为语言，语言可以用来下达命令。我的责任是帮助君王调和味道，君王的耳朵和眼睛都未尽到责任，而君王也没有下令纠正，这真是小臣的罪过！』晋平公听了之后十分赞赏，立即下令撤除了酒和音乐。

另外，荀盈死的时候，晋平公本打算废除荀氏，让自己宠爱的大夫担任卿职。如今也因为听了屠蒯的劝说而作罢，毕竟他知道卿族势力大过公室，自己未必有实力这样做，就算做了也多半不能成功。这一年八月，晋平公让荀盈之子荀跞继承他父亲出任下军副帅，以表明自己对待卿族的态度。

【品读】

当晋国公室衰微，士卿的势力逐步强大的时候，晋平公在荀盈死去的时候，表现出非常高兴的样子。尽管这样做能够表达晋平公真实的心情，但这样的表现却是失礼的，也很容易让人抓住把柄。

屠蒯虽然是一个主管膳食的小官，人微言轻，但他却通过斟酒的方式劝谏了晋平公。鬼谷子认为：『人君如能用全天下的眼睛去观看，就不会有什么看不见的；如果用全天下的耳朵去听，就不会有什么听不到的；如果用全天下的心去思考，就不会有什么不知道的。』晋平公接受了屠蒯的劝谏，就等于多了一双眼睛，又多了一个视角，及时地纠正了错误。

## 一八、齐国四姓之乱

在鲁昭公二年春的时候，晋卿韩起去齐国，见到齐国大夫子雅。子雅叫来儿子栾施，让他拜见韩起。韩起说：『这不是能守住家业的人，而且他有野心。』韩起又见了大夫子尾，子尾叫来儿子高强拜见韩起，韩起的评价和对栾施的一样。

齐国的大夫大多笑话韩起，只有晏婴相信，说：『韩起先生，是一个君子啊！君子言而有信，将来总有一天会证明他说的是对的。』

第三年冬天，子雅去世，大夫司马灶拜见晏婴，说：『又少了个子雅。』晏婴说：『可惜啊！他儿子栾施将来恐怕也难以免祸，栾氏一族要危险了。齐国姜姓将要衰落，而妫姓的陈氏将要兴起。如果齐惠公的两个孙子子雅和子尾都在或许还好，如今又死一个，姜姓就危险了！』

鲁昭公八年七月初八，子尾也去世了。栾施为了吞并子尾的家产，于是就在十一日杀死了子尾的家臣梁婴。然后，栾施又赶走了大夫子成、子工、子车，这三个人只好逃到鲁国。然后栾施为高强立家臣总管。子尾的家臣说：『高强已经长大了，栾施却要代管我们的家事，这很明显是要霸占我们的家产啊。』于是便把武器铠甲发给家臣，准备去攻打栾施。陈无宇一向和子尾很要好，因此也把武器铠甲发给家臣，准备帮助高强。

有人把这件事告诉了栾施，栾施却不相信，先后有好几个人来报告都是如此。当栾施准备亲自去高强家里察看时，又有好几个人在路上将这件事告诉他，于是栾施便到陈无宇家去察看。陈无宇这时正准备率领甲兵从家里出来，听说栾施来了，赶紧返回，换上家常衣服出来迎接。栾施问陈无宇想要干什么，陈无宇回答说：『听说高强已经给家臣发了武器铠甲，想要攻打你，不知道你听说了没有？』

栾施说：『没有听说。』

陈无宇说：『你何不也把武器铠甲发给家臣，我请求随你一起战斗。』

栾施说：『你为什么要这么做？高强还是个孩子，光是教导他我还担心不能使他成才，所以又为他立家臣总管，希望对他能有所帮助。如果我像你说的那样与他交战的话，我还怎么面对祖先呢？你为什么不帮我劝劝他？』

陈无宇听了，连忙磕头说：『但愿顷公、灵公的神灵保佑你，也请阁下能够施惠于我。』于是陈无宇从中调解，并使两家和好如初。

栾施和高强喜欢喝酒，而且都喜欢听信家里女人的话，容易怨恨别人。他们的势力虽然超过陈、鲍二氏，但却对陈、鲍二氏十分嫉恨。

鲁昭公十年夏，有人对陈无宇说：『栾施、高强将要攻打陈、鲍二氏。』同时这个人也把消息告诉了大夫鲍国。陈无宇把武器铠甲发给家臣，然后到鲍国家去商量对策，路上碰见高强，高强喝醉了酒，骑着马在路上横冲直撞。陈无宇到鲍国家的时候，鲍氏已经将自己的部下全部武装起来了。

他们又派人去察看栾施、高强的动静，得知他们正准备饮酒。陈无宇说：『虽然我们没有证据证明他们要进攻我们，但一旦知道我们武装部下后，他们必定会使用武力驱逐我们。不如我们先下手为强，乘他们饮酒没有防备时，去攻打他们。』陈、鲍两家这时关系和睦，于是便联合攻打栾、高二氏。

高强在遭到攻打时说：『只要我们把国君掌握在手中，陈、鲍二氏还能逃到哪里去？』于是想进入公宫，齐景公不让他们进，他们便攻打齐景公路寝的南门虎门。

听到这个消息，晏婴就身穿朝服站在虎门外，栾、高、陈、鲍四族都请他到自己家里去，他谁家也不去。他的部下问：『您要帮助陈、鲍二家吗？』

晏婴说：『他们有什么好的品行值得我去帮助？』

部下又问：『那么您要帮助栾、高二家吗？』

晏婴说：『难道他们有比那两家更强的地方吗？』听到这里，部下又问：『那么我们回去吗？』

晏婴说：『现在国君正受到进攻，我们怎能回去呢？』

等到齐景公召见晏婴，晏婴才进入宫内。齐景公打算派王黑举着齐桓公的龙旗作战，特意为此占卜，结果很吉利。王黑请求把旗杆砍去三尺以后再用，表示恭敬。双方在齐国首都的稷门交战，栾、高二氏战败。随后又在齐都的庄路交战，栾、高二氏再次战败。

国都的人也来助战，追击栾、高二氏，并在鹿门将他们打败。栾施、高强逃亡到鲁国，陈、鲍二氏就瓜分了栾、高两家的家产。

【品读】

栾、高两家在彼此私斗中，准备控制齐景公，以此来达到自己的目的，但是在晏子的努力之下，战胜了叛乱的栾、高两家。在齐国士卿阶层的势力日趋膨胀的时候，晏子始终用他自己所有的威望和能力护卫着齐国的公室。鬼谷子认为，『仰望高山是可以望见顶的；测量深渊是可以测到底的。而圣人的处事方法，其端正沉稳是无法测其高深的。』晏子对于齐国来说，就是这样令人仰止的人。